旅先銭湯別冊03

京都の風呂屋を歩く

第1集

松本康治

とある日の午後 京都の風呂屋で ボーッと 湯に浸かりながら

むかーし昔の、45年も前のことである。

1980年に京都の大学に入り、2年目から太秦《うずまさ》安井に下宿するようになって、風呂屋に日々通う私のくらしが始まった。当時はどこの角を曲がってもタバコ屋と公衆電話と風呂屋があった。きっと今のカフェやコンビニより多かっただろう。ありきたりの生活インフラのせいか特に何の感慨も持たず、下宿に近い3軒くらいの風呂屋をまわって風呂に入っていた。どちらかというとメンドクサイと思いながら。1軒に絞らなかったのは、3軒の雰囲気がそれぞれ異なっていて気分が変わるため、メンドクサさが緩和されたからだ。

以来、大学を卒業して大阪や神戸で引っ越しを繰り返しながらも、京都で習慣づいた風呂屋通いが続いた。そのうちにいつしか銭湯が私のオアシスになってしまったのだが、私が湯に浸かって「ここの風呂は○○やな～」と感じる○○の基準は長らく京都の銭湯に置かれていた。

その最大の特徴は、なんと言っても水質の良さだろう。京都盆地を取り囲む山々からにじみ出て、大地の底に伏せて這うように流れる地下水の輝くような水質、とくにかけ流しの水風呂が今も時々恋しくなって、

京都まで出かける。そしてしみじみと、こらほんまにエエわいなぁ〜とニヤニヤしながら温冷交互浴をエンドレスに繰り返す人になってしまうのである。

もう一つの魅力は、空襲のなかった京都には戦前築の銭湯がまだまだたくさん残っていることだ。大阪や神戸ではめったに見られないような古い造りの銭湯に行くと、拝観料を払って京都のかくしゃくたる古寺に足を踏み入れるのとどこか似た感触を覚える。しかもそこで裸になって、風呂にまで入れるなんて！

しかし、そんな文化財級の銭湯だけでなく時代に合わせて改装した銭湯でさえも、さまざまな事情で次々と廃業し、私がくらしていた時代とはすっかり様相が変わってしまった。学生時代に通った銭湯ももうない。

それでも、今も80軒以上の銭湯がピッチピチの湯を沸かし続けている。京都の人々が人生の一部として撫でさするように守ってきた貴重な宝である。旅人として訪れた人にとっても京都の大きな魅力の一つとして心に残るように、のちの世までその街角に存在し続けてほしい。

そんな気持ちから、あらためて京都の銭湯をじっくりと訪ねた。

京都の風呂屋を歩くマップ

地図のエリア分けについて

数字は掲載ページ、色は各章に対応しています。『旅先銭湯01 大阪の風呂屋を歩く』では地図は区ごとに分け、章はエリアと関係なく銭湯をタイプ別に分けましたが、今回は京都を旅する時のイメージと、おもに公共交通の利便などを考慮してこのように分けてみました。

銭湯の心得

①小銭を用意する
番台で万札を出すのはあまり粋ではない。

②石鹸類とタオル持参
浴室に備え付けの場合もあるが、ないのが基本。非持参なら番台で購入。

③湯船へはかかり湯をしてから入る
しっかりとかかり湯（特にお股周辺）、もしくは全身を洗ってから。

④湯船にタオルを浸けない

⑤洗濯をしない

⑥譲り合いの精神で
カランの場所取りをする人もいるが、譲り合うのが平和の秘訣。

⑦体をよく拭いて上がる
脱衣場を濡らさない。

CONTENTS

※本文中の各銭湯の営業終了時刻は閉店時刻ですので、それまでに退出してください。

※営業時間や定休日その他の営業状況は変更される場合があります。

※京都府の銭湯料金は2025年2月現在、大人510円（条例で定められた価格上限）です。

CONTENTS

※各銭湯の営業データ欄に、
おもな設備を記号で示しました。

㊫…番台式 ㋫…フロント式 ㊪…軟水
㋚…サウナ ㋜…スチームサウナ
㊬…電気風呂 ㊭…薬風呂 ㊌…水風呂
㊮…露天風呂 ㋢…ジェット（超音波）

京都銭湯の特徴とお楽しみポイント

銭湯の多くは個人経営であり、1軒1軒に異なる意匠と味わいがある。どこにひかれるか、何をおもしろいと思うかは人それぞれ。

が、いろんな人と銭湯の話をするときに「銭湯の地域的な特徴」が話題に上ることが多い。たしかに地域ごとの違いは銭湯旅の大きな楽しみの一つだ。特に京都の銭湯には、隣の大阪の銭湯と比べても異なる点がいろいろある。

そこで、まずは目につきやすい京都銭湯の特徴と見どころをピックアップして、他の地域と比較してみよう。

全般的なこと

（1）「銭湯」と「風呂屋」

江戸時代に喜田川守貞《もりさだ》という人が書いた『守貞漫稿』という、東西の生活文化を比較した書物がある。それによると、湯屋は江戸では「銭湯」、上方（京都や大坂）では「風呂屋」と呼ばれる、とある。

この呼称は現在まで続いており、関西人である私は今でも日常の話し言葉では「風呂屋」を使っている。

だが最近になって関西でも「銭湯」という言葉が定着してきた。本書では書名を「風呂屋」としたが、本文では原則的に「銭湯」とする（文脈によって例外あり）。くわしくは旅先銭湯別冊01『大阪の風呂屋を歩く』50頁コラム。

（2）「○○温泉」と「○○湯」

大阪には、天然温泉ではなくても「○○温泉」という屋号の銭湯が多いことが知られる。京都にも、大阪ほど多くはないが「○○温泉」を名乗る銭湯があり、ほとんどの場合、「○○湯」と名乗る銭湯と意味において違いはない。

（3）石川県出身者が多い

京都の銭湯経営者にはルーツが石川県の人が多く、全体の約70％を占める（北國新聞「銭湯人生　関東・関西」1991年、ちなみに大阪では約半数、東京では約25％）。京都の銭湯文化は石川県人によって支えられていると言っても過言ではない。

また石川県の中でも、小松市内の数カ所の地域と、能登地方南部の数カ所地域の出身者が多いようだ。

このことは、京都に出て銭湯業で成功した人が、同郷の地縁血縁者を次々と呼び寄せてのれんを分けていったことを表している。

外観～玄関

町家造りと2枚暖簾《のれん》

空襲がほとんどなかった京都には、戦前に建てられた町家造りの銭湯が残っている。

かつては、暖簾《のれん》をくぐるとタタキ土間に番台が置かれ、いきなり目の前に脱衣場があるスタイル（日の出湯、112頁）が基本だった。そういう銭湯では男女は別々の暖簾をくぐることになる。その名残で、男湯用・女湯用の小さな暖簾が2枚別々にかかっている銭湯が多いのが京都銭湯の外観上の特徴だ。

男女別の暖簾が2枚並ぶ（日の出湯、112頁）

ただし近年は後から玄関スペースを増設したり、フロントロビー式に改装した銭湯がほとんどとなり、東京や大阪の銭湯（1枚の暖簾を男女いっしょにくぐって靴を脱いでから男女が別れる）との違いが失われつつある。

脱衣場

(1) こぢんまり空間

京都は狭い盆地で長い歴史を歩んできたため、市街地の土地利用が細分化し、いわゆる〝うなぎの寝床〟的な建物が少なくない。そのため銭湯も、他の大都市に比べてこぢんまりサイズのところが多く見られる。本書では孫橋湯（34頁）や上野湯（50頁）など。

(2) 伝統的な意匠

戦前築の建物をそのまま使っている銭湯では、脱衣場で神社仏閣のような格《ごう》天井に出会うことがある。

また、男女の仕切り壁や浴室前の垂れ壁に透かし彫りの欄間があったり、流し場付近をタイル絵やモザイクタイル画で飾った銭湯も少し前まではよく見られたが、それらの多くはすでに廃業してしまったのが残念だ。

格天井と透かし彫りの欄間（鴨川湯、●頁）

(3) 脱いだものは籠へ

京都の銭湯の入り方で最も象徴的なことは、脱いだものを長方形の籠に入れる、そしてその籠ごとロッカーに入れる、という習慣だろう。

籠はかつては柳行李《やなぎごうり》（コリヤナギの枝で作った籠。編み目がきつくて丈夫）が多かっ

柳行李ごとロッカーに収納（長者湯、82 頁）

たが、すでにそれを作れる職人がほとんどいなくなり、現在では籐かプラスチックのものが多い。

浴室

（1）男女壁に湯船が並ぶ

京都では先に挙げた〝うなぎの寝床〟的な奥に長細い浴室に出会うことが多い。その場合、男女仕切り壁に沿って湯船が並び、反対側の壁にカラン・シャワーが並ぶパターンが一般的。

男女壁に沿って湯船が並ぶ（桂湯、106 頁）

（2）床からタイルのまたぎ

大阪の銭湯では、湯船の周囲をかまち（腰かけ段）がぐるりと取り巻いているのが大きな特徴だが、京都の銭湯にはなく、浴室の床からいきなり湯船のへり（またぎ）が立ち上がる。この点は東京や名古屋など他の地方と同じ。

　また大阪のような石造りの湯船もなく、床も湯船もすべてタイル張り。この点も他の地方と共通する。

（3）カラン位置が低い

　京都では体を洗うときに椅子を使わず床にベタ座りする習慣が長く続いたためか、カラン位置が低く、桶を置く台のない銭湯も多い。そのため椅子を使うと、体の大きな人は身をかがめてカランを使うことになる。

カランが低く桶置き台がない（金龍湯、54 頁）

（4）壁画

　関西には東京のような伝統的な「銭湯絵師」という職業がないため、ペンキ絵はほとんどない。

　したがって浴室のビジュアルは小さな色タイルを集合させて形成したモザイクタイル画が多かったが、最近はそれも少なくなった。本書では金龍湯（54頁）や鞍馬湯（128頁）で見られる。

柳湯（左京区、廃業）にあったモザイク画

ただし近年は、滋賀県に住む山本奈々子さんのペンキ絵作品がいくつかの銭湯で見られるようになった。本書では、平安湯（14頁）、サウナの梅湯（38頁）。今後が楽しみだ。

(5) 女神像

湯船に湯や水が注ぎ込まれる部分に陶器の造形物が据えられていることがある。ライオンの口から湯が出るものは各地で見られるが、京都では女神像が多いのが特徴。その多くは、女神が手に持った水瓶から湯が出る仕掛け。本書のカバーは初音湯（64頁）の女湯にある女神像。

まれに羊や鯉もいる。

(6) ケロリン桶のサイズ

ケロリン桶は銭湯でよく見かける丈夫な桶で、製薬会社が頭痛薬ケロリンを宣伝するために普及させた。

東京のケロリン桶は大きく、関西では小さめという違いがある。大阪には湯船周囲の段に座って湯船の湯を桶で汲んで体を洗う習慣があり、湯を汲みやすいよう桶が小さめになっているといわれるが、京都でも関西式の小さな桶がほとんど。

左が東京ケロリン、右が関西ケロリン

今後どうなる？

これらの地域的な違いは昔ながらの銭湯ほど大きく、新しく改装された銭湯ほど小さくなる傾向にある。

設備や備品が進化すれば時代に合わなくなった古い特徴は採用されなくなる。景気が後退すれば高価な部材や職人技は安価な量産品に取って代わられる。家風呂の普及などでより広範囲の集客が必要となれば、ローカルな様式や習慣だけでは通用しにくくなる。銭湯減少とともに地域の設備関連業者が減れば、遠くの工務店に修理や改装を依頼することになる。そして今やインターネットを通じて各地の知恵や情報が瞬時に共有できる時代となった。

地域住民のための生活衛生施設だった銭湯の世界にも、少しずつグローバル・スタンダードの波が及びつつあるといえるかもしれない。

とはいえ銭湯はまだまだ地元密着な存在だ。ここに挙げたもの以外の特徴や共通点も健在なので、探してみよう。

さあ、
手に手をとって
まいりましょう！

一、

比叡山から鴨川のあたり

竹林昂《こう》大《た》さん（京大銭湯サークル会長）の好きな銭湯に連れていってもらいました

吉田
平安湯
HEIAN YU

人力車と風呂掃除

関西で「どこの大学?」と聞かれた場合、京都の大学に通う人の答えは二通りに分かれる。

「京都の大学です」

「京都大学です」

間に「の」が入るか否かで、尋ねた人のその後の態度はまったく異なるものとなる。

京大正門前の竹林昴大さん

「の」が入るほうの学生だった私は、続けて「妙心寺の近くに下宿してます、ヘラヘラ」と答えるのが常だった。一度でいいから寺の名前を言わずに済ませたいと思ったものだ。

ところが、「の」をつけなくていいほうに入りながら、続けて「○○湯の近くに下宿してます、エヘエヘ」なんて聞かれもしないのに言う人たちが最近増殖しているらしい。

「いま140人ほどいます」

そう教えてくれたのは、竹林昴大さん。京大銭湯サークル会長、がその肩書き。せっかくの「京大」の後に「銭湯サークル」て……墜落するような台無し感、親泣かせ感が哀しく響く。

しかも竹林さんは異様なまでのムキムキ体型である。聞けば、週に3~4日の人力車を引くバイトと毎朝5分の筋トレでこんな体になっていると言う。生きているだけで基礎代謝に必要以上のカロリーを消費し、その食費を稼ぐためにまた人力車を引くんです、と屈託のない笑顔がどうにも憎めない。私はこのさい国益という概念をいったん横に置いて尋ねた。

「で、どこの風呂が好きなんですか?」

「平安湯です」

「なんでですか?」

「きれいで、湯が熱めで、サウナも熱くて、水風呂が冷たくて、照明が明るくて、お客さんがあたたかくて……」

裸で湯に浸かれば学力を問わずこの程度の阿呆みたいな感想しか出てこない。銭湯の恐るべき力がわかる。

背中にマジックで「銭湯」

竹林さんは名古屋出身。子どもの頃はスーパー銭湯や温泉に連れて行ってもらうのが好きだったという。京大に合格してから、京都には歴史ある銭湯があるのを知り、「よし銭湯行くぞ!

と思って来ました」。

彼はさっそく不動産屋へ行き、徒歩圏内にたくさん銭湯があることを条件に住居を探した。そして3年かけて京都市内の銭湯を全部まわったそうだ。

「それで、京大銭湯サークルというのは？」

「もとは2021年10月に少林寺拳法部の人たちが作ったサークルで、東山湯の掃除を手伝ったりされてました。僕はその存在はツイッターで知りました。でも去年、他大学の銭湯サークルの人に、『京大のサークルは代表者が卒業して部員がゼロになり、なくなりそう』と聞いたんです。そこで去年の3月に当時の会長に会い、僕が引き継ぐことにしました」

4月の新入生歓迎の時期には、裸になって背中にマジックで「銭湯」と書いて新入生らにビラを配り、なんだあのムキムキはと話題になった。部員は1カ月たらずで100人を超え、東山湯の掃除を週2回、源湯の掃除を立命館の銭湯サークルとともに月1回、などの活動をする。個人的に梅湯（38頁）のバイトにも入っているそうだ。

そんな竹林さんが惚れ込み、ホーム銭湯として「週6」で通うのが平安湯なのである。

目を見張るような絵

平安湯は平安神宮の北にある。もともとあった銭湯を現在の主、村中家が引き継いだのが108年前の1917（大正6）年というから、その22年前の1895年創建の平安神宮にも劣らぬ歴史があるといえるかもしれない。

1996年に建て替えられた建物は、一見すると銭湯には見えないグレーのビルだ。中に入るとフロント式で、浴室は竹林さんが言うとおり各種設備がピッカピカに磨かれており、非の打ちどころが見当たらない。

中でも目を見張ってしまうのは、男女の仕切り壁の端から端まで描かれた、京都の名所や祭りのペンキ絵だ。彩色が明るく、タッチが繊細で、絵だけでなく文字も随所に入れられてい

❶「京都有数の熱いサウナなんです。いつもこの熱源に近い場所に座ります」と語る竹林さん
❷サウナから出たら向かいの水風呂へ。ふんだんに出る地下水を贅沢に溢れさせる

て、誰が見ても「これはすごい！」と感嘆させられるだろう。右上には「京都博物館銭湯」との文字が入っている。

「大津市の都湯さんがペンキ絵を設置するというので見に行ったんです。その絵は山本奈々子さんという方が描かれたもので、やわらかく明るくて綺麗で。いっぺんに気に入りました。それで『ウチにも描いてくれませんか』とお願いしたんです」

そう語るのは平安湯の若旦那、村中稔さん（42歳）。稔さんが平安湯を中心的に担うようになったのは、高校3年のクリスマス前のことだった。

進学もキャンセルして

「父が脳梗塞で倒れたんです。彼女とのクリスマスの約束もおじゃんになりました。進学も決まっていたけどキャンセルし、釜場の動かし方などはボイラー屋さんに教わって、それ以来、銭湯業一筋です」

「ええっ！それはまた……当然その彼女も失ってしまったんですね⁉」

「いいえ、今のヨメですが（笑）。小6のとき作文に『将来お風呂屋さんをやる』と書いていたので、いずれやるんならという気持ちでした。ただ、建て替えのローンがあって銭湯からの収入はほぼない状態のため、自分のこづかいはスーパーで早朝バイトを10年くらいやってました。あ、でも料理が趣味なので、今も弁当作りのバイトをしてます」

ウーム……竹林さんのパワーにも劣らぬ、なんかすごくタフな人物なのである。

「こんなん無理です！」

それにしても、銭湯のペンキ絵というと休業日に1日で描き上げる富士山の絵が有名だが、こんなに凝った絵は珍しい。というか初めて見た。時間をかけてパネルに描いた絵を取り付けてあるようだが……。

「男湯の図案は僕が出し、女湯の図案は妻が出しました。山本奈々子さんには『こんなん無理です！』と言われましたが、1ヵ月くらいかけて作成してくれました」

浴室でもう一つ目をひかれるのは、湯船の横の何ヵ所かにぶら下げられたノートのようなもの。パウチされ、風呂に入りながらそれを読むことができる。内容はペンキ絵に描かれた京都の文化や祭り、そして稔さんがかかわっている剣鉾《けんぼこ》（無形文化財）についてなどで、日本語と英語で書かれている。

「ペンキ絵とセットで思いつきました。初心者でも入りやすいお風呂屋さん、と言ってもらっていたので、そういう人たちに向けて京都案内をしたらいいのではと。特に土日は観光客や外国人もよく来られますので」

こういうオリジナルな試みが私は大好きだ。そして溢れる京都愛。竹林さ

❶脱衣場で談笑する村中稔さん（左）と竹林さん
❷風呂で読めるテキストノート、竹林さんが読むのはもちろん英語のほう
❸ 1996 年に改築された平安湯の外観。暖簾がなければ銭湯とは気付かない

んがゾッコンな気持ちがよく理解できた。

風呂上がり、竹林さんと近くの「タコとケンタロー」という店へ。さまざまな種類のたこ焼きでギネスビールまで飲めてしまう楽しい店だが、ここに「チャレンジたこ曽根」という貼り紙があった。40個を10分で食べきったら代金無料のうえタコ券5枚がもらえる。

「前から一度チャレンジしたかったんですよ！」

竹林さんは若者らしくチャレンジした。他のお客さんも見守る中、勢いよくタコヤキを口に運ぶ竹林さん。京大入試を突破し、ムキムキに体を鍛え、英語だってOK。タコヤキくらい屁……のはずが……あれ？

ちなみに竹林さんは2026年卒業予定。さて、彼がどんな人生を歩むのか楽しみだ。

かいわい
ぶらぶらマップ
↑京大正門前
平安湯
モンパン食堂
南国風のアットホーム空間でエスニックな料理をのんびり食べられる
←近衛通バス停
吉田東通
タコとケンタロー
バリエーション豊富なたこ焼きをアテに飲める。内装も楽しい
末広食堂
お昼時は相席の良コスパ定食屋。日替り650円。「営業中」の札がなければ食堂に見えないかも
京都コロッケ
コロッケ1個80円～の良心的な店。弁当販売もあり
居酒屋きゃらばん
手前の食堂「キッチンキャラバン」と奥の居酒屋を兄弟で40年以上営む名物店
更科聖護院支店
細い路地の奥にある、安くて渋い人気の食堂。麺類と丼物
聖護院門跡
熊野神社前バス停↓

平安湯
京都市左京区吉田下大路町 22
☎ 075-771-1146　P 有
15:00 ～ 0:00
休：木曜日
㋫㋚㊌㊍㊩㋛

❶「チャレンジたこ曽根」にチャレンジ！でも半分ほどで降参……
❷「タコとケンタロー」のたこ焼き 20 個。量より熱さがキツイ

修学院

大黒湯

DAIKOKUYU

踏切の風に揺れながら

線路ぎわの日常

ただ風呂屋に行くだけで、なぜだか心に残るワンシーンに出会うことがある。私の場合、それは映画を観るより高確率かもしれない。

夕暮れどき、修学院の大黒湯に入りに来た私は、なんとなく立ち止まって、すぐ横にある叡電の踏切に遮断機が下りるのを見ていた。そこへ父と娘だろう、2台の自転車が踏切の前まで来て、またがったまま電車が来るのをじっと待っている。

やがて遠くから「ガタン、ガタン」という音が近づき、踏切脇の建物の影から突如として光芒を強く放ちながら大きな鉄の箱が飛び出して、轟音とともに遮断機ぎりぎりを疾走した。

その巻き起こす風に少女の髪がなびき、次に「ゆ」の暖簾がなびいた。輪唱のように。

列車はあっという間に鞍馬方面へ走

浴室は奥へ奥へと長く、全体にゆったりと余裕がある。
写真の右側にボタン式のジェット浴槽がある

（写真は本文とは別の場面です）

り去った。我に返ったように遮断機がぎこちなく上がると、父と娘はゆっくりと足に力を入れ、自転車をのろのろと進めて踏切を山なりに越えていく。

その姿を、落ちてゆく夕日が後ろから照らしていた。

真夏の危機

京都に何軒かある「大黒湯」のうち最も北の、比叡山に近い修学院の大黒湯。叡電の線路のフェンスぎりぎりのところに薪沸かしの釜場が見え、立ち並ぶ電線よりもずっと高いところに煙が漂っている。

脱衣場も浴室も広々として設備充実、そのローカルな立地も手伝って、一昔前のちょっとした温泉施設に来たようなゆったり気分が味わえる。

だが２０２４年は大黒湯にとって試練の年だった。夏の盛り、60年以上にわたってここを切り盛りしてきた90歳を超える店主夫妻が相次いで入院し、

２カ月ほど休業した。

　それを9月から再開したのは、学生時代から両親の銭湯業を手伝い続けてきた娘の谷本朝子さん（58歳）だ。

「休業中は、近所の常連さんが『大丈夫か、食べてるか』と常に声をかけてくれてました。そして『手伝うから店しよ。みんな待ってるから』と背中を押してくれたんです。今も、『食べ！』といろいろ差し入れしてくれます」

わかってくれている

　フロントで朝子さんと話していると、近所の常連客らしき中年女性がやって来て、にこにこしながら番台業務に入った。パートさんかと思ったらボランティアだという。毎日1～2時間、「遊びに来てんねん」と言いながら風呂上がりに番台を代わったり用事をしているそうだ。

「ここの風呂の良さと、この人（朝子さん）の人柄で、手伝いたくてやってるのよ。続けてほしくて。家族に『お風呂を手伝うことにしてん』と言った時、息子は『それはよかったねー、お金はもらうなよ』って」

　そこへ釜場から、また近所の人らしきおじさんが登場。「3本入れて、うんぬん……」と朝子さんに薪くべの状況を報告して出て行った。

「2年ほど前からかな、いつから担当ということもなく、いつの間にか手伝ってくれてます。これから晩ごはんを食べに帰られるんですよ。私が何も言わずに湯を沸かしているのを、みんなわかってくれてるんです」

　私は心が熱くなるのを感じた。これだから、銭湯ってやつは……。

「私は父母の帰る場所を守ってるだけです。その後のことはわかりません」

　今日も修学院の踏切では通り過ぎる列車が人々の髪をなびかせ、大黒湯の暖簾をなびかせているだろう。見上げれば線路脇の煙突から、煙が高く昇っているだろう。きっと。

❶浴室の入口付近からは見えない位置に水風呂と乾燥サウナとスチームサウナがある。乾式サウナは110度くらいを指している

❷ロビーは2006年に今の形にした。隅々まで籐筵《とむしろ》が敷かれている。どこかの旅館で見て、絶対これがいいと決めたそうだ

かいわい
ぶらぶらマップ
↑八瀬・鞍馬
叡山電鉄
高野川
北山通
修学院
京都大原山田農園たまご工房
健康な平飼い鶏の卵で作った
シュークリームやプリン
春巻スタンド ラップ＆ロール
いろいろな春巻をアテに一杯
やれる小さな店
鷺森神社→
鷺森神社
スピークイージー
リーズナブルでボリュームの
ある老舗ハンバーガー店
修学院道（バス）
大黒湯
東大路通
アコシャン
大黒湯すぐ裏の線路沿いの
隠れ家バー。年配のママ良
梅さん
生ビールや多くのアテが
390円！の有難い居酒屋
白川通

折り紙のようなユニークな脱衣場の天井は客の大工さんが施工した

大黒湯（修学院）
左京区山端柳ケ坪町 16-3
☎ 075-722-0268　P有
15:00 ～ 23:00
休：水・木
フサス電水薬ジ

下鴨

鴨川湯

KAMOGAWA YU

鴨川→賀茂川→鴨川湯

雅なイメージとは裏腹に、実際の京都は正直そんなに美しい街ではない。大通りは車も人も多くてうるさいし、沿道の景観もゴチャゴチャと落ち着かない。

そんな中で、あぁ京都はやっぱりええなあと思わせてくれるのは、なんといっても鴨川の存在感だろう。

橋から北を向くと、川の流れと河岸の緑が遠近法の三角形を描き、その上を西から東へと半円形に山々が包む。その構図はまるで1本の端正な巨樹のようでもある。

その上流は賀茂川と名を変え、さらに緑が濃くなる。北大路橋の手前で、川岸の家並みの中に煙突が見える。それが鴨川湯だ。

引き継がれる銭湯

鴨川湯は何度も継続の危機に陥り、

受け継がれる賀茂川の憩い

輝くように美しい浴槽タイル。よく見るとあちこちに補修の跡があるが丁寧に維持されている。奥のサウナも意外に広くてくつろげる

そのつど踏みとどまって続いてきた。

来年で１００年になるらしい。古い銭湯はたいていどこも設備に問題を抱えており、それを修理しながら続けるには多額の費用と体力気力が必要だ。

私が最初に訪れた頃の店主が継続困難となった時は息子さんが脱サラして繋ぎ止め、息子さんが継続を断念したあとは明石さんという人が引き継ぎ、明石さんが断念したあとはゆとなみ社（42頁）が引き受けた。

そのたびごとに修理改善の苦労を背負いながらも続いてきたのは、この銭湯にそうしてまで残す価値、魅力があるということに他ならない。

その立地とたたずまい、そのレトロな空間と美しいタイル、その快適なサウナと熱く沸かされた伏流水。京都のいちばんいいところをパチッと詰め合わせたような、それでいて素朴であくまでもさりげない、憎たらしいほどカッコいい銭湯なのである。

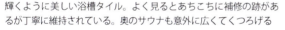

子どもと祖父母

現在中心になって運営する丹羽《にわ》悠貴さん（33歳）と遠藤さくらさん（29歳）は、前経営者が断念したあと、鴨川湯をなくしてはいけないと感じ、会社に掛け合って再生にこぎつけた。

愛知県出身の丹羽さんは、小学生の頃まで毎週日曜日に祖父が銭湯やスーパー銭湯に連れて行ってくれたという。やがて銭湯がなくなっていくのを見て廃業を止めたいと思い、2021年にゆとなみ社に入社した。いずれは名古屋の銭湯を継承したいと考えているそうだ。

東京出身の遠藤さんも、子どもの頃から毎週末は祖母や両親と近くの風呂屋に行くのが決まりだった。大学時代には全国の温泉やスーパー銭湯に行ったが、ずっと通った近所の風呂屋の〝日常の中にある心地よさ〟が忘れられず、2019年にゆとなみ社に入社した。

どちらも幼少期に祖父母と通った銭湯体験がベースにあるのが印象的だ。彼らは鴨川湯のどこに魅かれたのか。

「まず雰囲気、それに加えて建物やタイルなど。お客さんたちが穏やかで、大学生もいい子たちで、地域的魅力があります」（丹羽さん）

「こぢんまり感と風呂配置とタイルですね。お客さんは学生と地域の高齢者が入り交じってて、必要とされてるのがわかりました。ここを私がやってるイメージが湧いたんです」（遠藤さん）

そして朽ちた柱をなおし、釜を入れ替え、配管・配電・ジェットを補修し、エアコンや濾過器も交換した。

再オープン後は従来の常連客に加え、家族連れや大学生、40～50代の新規客が急激に増えた。

「でも、この地域の良さでもある穏やかな風呂屋の雰囲気を壊したくないですね」（丹羽さん）

銭湯はこのように続いていくのだ。

❶脱衣場のレトロ空間　❷丹羽悠貴さん（左）と遠藤さくらさん

かいわい
ぶらぶらマップ
京都府立植物園
植物園正門
ミカヅキヘイム
手の込んだベトナム料理のランチプレートやバインミーが味わえる
そば・うどん処 源《みなもと》
そば・うどんとともに選りすぐりの日本酒を昼間から楽しめる
グリルはせがわ
行列のできる洋食の名店。ハンバーグにいろいろプラスできる
イオンモール
北大路
植物園前
(バス)
北大路通
賀茂川
鴨川湯
烏丸通
地下鉄烏丸線
鴨川公園
ピクニックが楽しい桜並木の河川敷。比叡山がよく見える
Earth Cafe 北大路本店
京都に５店舗あるインド・ネパール料理の本店。ボリューミー！

電気風呂
ジェット風呂
サウナ
鴨川湯

鴨川湯
京都市左京区下鴨上川原町 56
☎ 080-3916-6540　P無
月・水～土 14:00 ～ 1:00
日 8:00 ～ 1:00
休：火曜日
フサ水電薬ジ

番台式からフロント式へと変わったが、レトロ感はそのまま

浄土寺

銀水湯

GINSUIYU

思索の先に

街全体が観光地ともいえる京都の中でも、ひときわ観光客が集まる人気エリアがある。「哲学の道」もその一つ。たしかに、かつては哲学的な思考の一つもひねってみたくなるムード漂う散歩道だったが、どっちを見ても観光客だらけの今となっては、哲学に耽るにはやや無理が生じてきた。

そのようにお嘆きのあなたには、別の路地をお勧めしたい。それは哲学の道の中ほど、法然院の手前の坂を下り、目印のようにカッコいい洋館の角を右へ曲がる。狭い路地だが、朽ちかけた空き家が並ぶ先に、夕日に赤々と照らされながら「ゆ」の暖簾が揺れている。

「こんなところに銭湯が!」

行き場を失っていたあなたの哲学的命題は、ここに新たな突破口を見つけるだろう。

1928(昭和3)年に建てられた

郷愁の木製脱衣箱

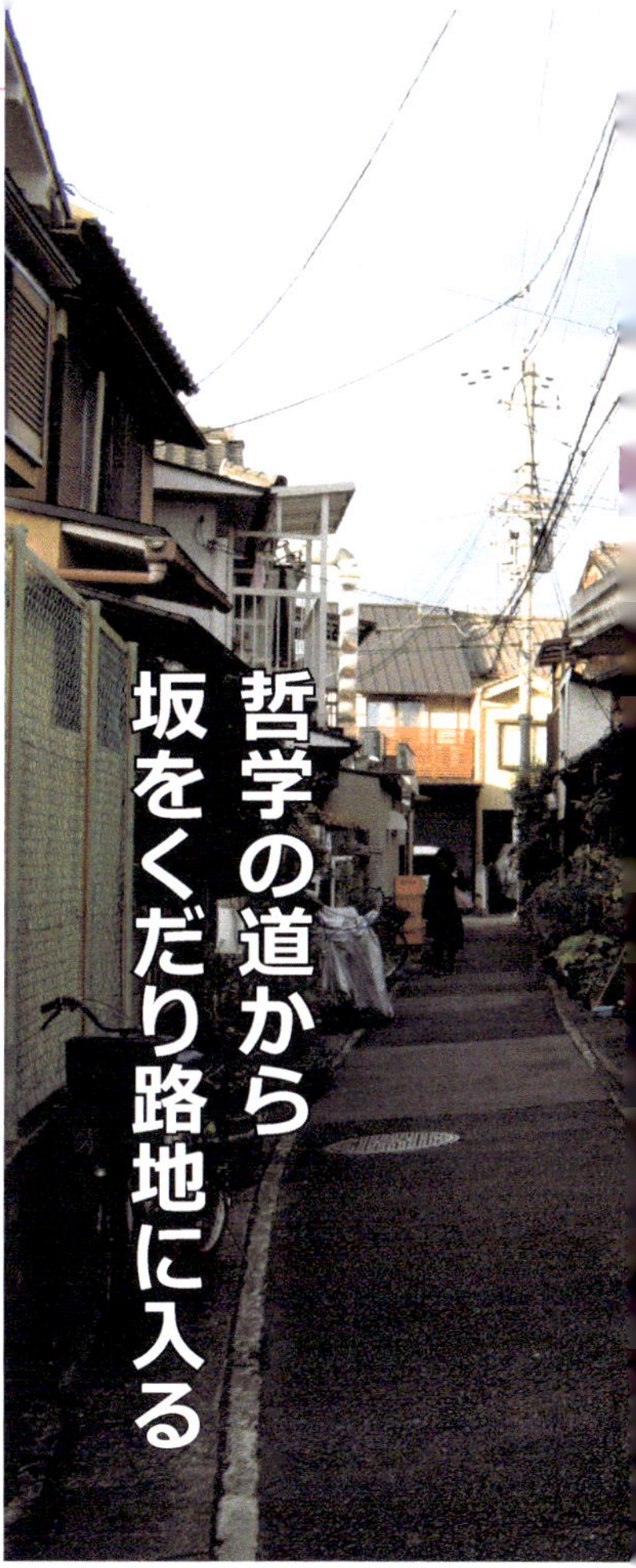

哲学の道から坂をくだり路地に入る

古い銭湯である。胎内を思わせる狭く薄暗い玄関を入ると、番台には意外にもハタチそこそこの若い女性がいる。ハテこの侘しき裏路地の番台に白蓮の蕾のごとき乙女とはこれいかに、と意表を突かれたあなたの前に現れる脱衣場は、木製脱衣箱が存在感を放つ懐古主義的空間。やはり京都―銭湯―情緒の文脈かと浴室に進むや、奇妙な形状の浴槽群がアバンギャルドに組み合う光景を見て再び動揺、それを気取られまいとして手前の深湯に勢いよく浸かった瞬間、その烈火のごとき熱さに飛び上がるだろう。

　だがそこは銭湯、不慣なあなたをそのままに置くはずもなく、他の湯船はいたわるような適温であなたを包み、サウナと水風呂は過剰にこねくり回された思考をスッキリと整えてくれる。否、それだけでない、なにか違う、そうだこの泡切れの悪さは「軟水」というやつだ！京都は名水の都、にもかかわらずわざとその天然地下水を機械的に軟水化して提供するとはこれいかに……思考のカオスに陥ったあなたがすっかりいじけた半泣きの金語楼的表情で一番奥の湯船に身を沈めたその刹《せつ》那《な》、脱衣場の向こうから赤テントを刺し貫いた夕日が浴室の隅々まで神の手のごとく及び、あたかも真紅の火蓋を切って落としたかのように空間のすべてを劇的に真っ赤に染めた！そのただ中にあってあなたの哲学は微細な湯気の粒子とともに宗教的な領域へと溶け込んでゆくのであった。

ブラジル仕込みの挑戦者

「私の親は燃料屋で、この風呂屋へ燃料を入れてた縁で１９６９年に経営を引き継ぎました。その時すでに軟水装置が入ってましたね」

そう語るのは現在の店主、小寺一郎さんである。不規則な浴槽群は45年ほど前に改装した時のものだそうだ。

しかしもっと不規則というか、この一郎さんという人がまたとびきり型破りな人生を送っている。

一郎さんは23歳でプロサッカー選手を目指してブラジルへ移住した。

「言葉の壁を越えるのに1年かかりました。3年目にカズが来ました。私はゴールキーパーでしたが結局プロになれず、サンパウロＦＣの2部どまりでした。31歳の時に娘を連れて帰国して、横浜ＦＣに少しいました」

カズよりも風呂屋の息子が先だったとは……。その後、島津製作所の社員になったが、２００4年に両親が二人同年に亡くなり、それまで風呂掃除だけを手伝っていた一郎さんが引き継ぐことになった。

「会社に勤めながらね。でも10年ほど前に築約１５０年の京町家ですごくい い物件があったから買い取って『ゲストハウス雅順《がじゅん》』を始めました。ブラジル人と結婚した娘らと一緒にやって、この風呂へゲストの送迎もしてましたが、さすがに忙しすぎるので6年前に島津は退職しました。でも3年前からはジェラート店も始めまして……」

本場ブラジルのサッカーで鍛えただ

けあって、スタミナとバイタリティが桁違いだ。

「銭湯の番台とゲストハウスの掃除は京大生のバイトです。順に卒業して、もう100人以上入れ替わったよ」

さて、あなたの哲学課題はいかに？

銀水湯
京都市左京区浄土寺下南田町122-1
☎なし　P有
14:00～23:30
休　金曜日
㊫㋚㉂㊀㊌㊔㋛

水風呂越しに見える脱衣場。奥の窓のさらに上の窓から夕日が入る

三条

孫橋湯

MAGOBASHI YU

三条大橋の歴史とともに

小さな京都の粋を味わえる

京都は盆地である。その限られたスペースに御所や神社仏閣がデン！と大きく場所を占め、隙間を細々と埋めるように庶民生活が営まれている。その窮屈な状態で千年ものあいだ都として機能し続けた結果、「うなぎの寝床」と言われるような狭い空間の有効活用が可能な限り実践され、結果として隅々まで人の手が尽くされている感がある。

45年前、京都の大学へ入学した私は、当時京阪電車の終点だった三条駅で市バスに乗り換えて通学することになった。朝夕は狭い駅前のターミナルに黒山のように人々が殺到したが、その後、京阪電車の地下化や延伸でかつての血走ったような状況は緩和された。

でも三条駅を出ると目の前に鴨川が流れ、三条大橋がかかっている風景は同じだ。東海道五十三次の終点として誰もが知る橋だが、かつて大橋のすぐ西に高瀬川を渡る三条小橋があり、東には白川を渡る三条孫橋がある「三世代橋」だったことは、毎日ここに来ていた私も知らなかった。

孫橋があったのは三条通の一筋北で、そこから東へ孫橋通を入ると、最初の辻に孫橋湯がある。地下化された三条駅の9番出口からわずか3分。河原町周辺の中心商業地から銭湯がすべて消えてしまった京都で、いま最も繁華街に近い便利銭湯といえるだろう。

でもその割に孫橋湯の周囲はあまり人通りがなく、日が落ちて暗い通りに「ゆ」の暖簾が揺れているさまはエアポケットのようだ。

暖簾をくぐると狭い玄関、その先に小さな番台があり、京都らしい風情に満ちたコンパクトな脱衣場でサクッと服を脱ぐ。浴室もとてもかわいらしいサイズ、おそらく京都で一、二を争うミニ銭湯だろう。それでいてサウナも水風呂も薬湯も電気風呂もきっちりと揃った高機能空間に、なんとまあ無駄なくうまいこと風呂を作ったもんだと感心させられる。しかも1986年に改装したままとは思えぬピカピカっぷりに、経営者一家の愛情をひしひしと感じる。これぞ狭き都、京都の真骨頂と膝を打ちたくなる。

「三世代橋」を三世代で渡る

京都の銭湯は石川県とのつながりが深いが、孫橋湯もその一つ。大正期、山代温泉出身の辻吉久さんが曾祖父母と弟を連れ、一家の柱として京都に来たことに始まる。

この人がたいしたやり手である。裸一貫、南区で養鶏場から始め、やがて八百屋を開業。さらに自力で淀市場を開いて理事長に就任。そして息子6人の適性を見て、八百屋、喫茶店、卸売業、工務店などそれぞれの店を用意した。息子の一人、吉一さんには、体が弱かったのを慮《おもんぱか》って、1947（昭和22）年に孫橋湯を購入した。

その3年後の4月、三条大橋が架け替えられた。すぐ近くに3世代で住んで孫橋湯を営む辻さん一家は「三世代橋」にふさわしいとして選ばれ、渡り初め式の先頭を家族三世代で歩いた。曾祖父母、吉久さん夫妻、吉一さん夫妻。そのとき吉一さんの妻のお腹の中にいたのが現在の店主、辻義博《よしひろ》さんである。義博さんが25歳で孫橋湯を継いだのは1975年のことだった。

それから約半世紀後の2024年、三条大橋は新しい欄干に仕立て直された。孫橋湯の歴史は三条大橋の歴史とも重なっているといえるだろう。

❶狭さを感じさせない浴槽群　❷ミニ銭湯でサクッと風呂に入って飲みに…　❸ハイセンスな装飾の美サウナ

かいわい
ぶらぶらマップ
京阪電鉄（地下）
ピッグ＆ホイッスル
老舗アイリッシュパブ。雰囲気よく飲める
GUINNESS
檀王法林寺
「だんのうさん」と親しまれる寺院。孫橋が描かれた図絵がある
鉄板居酒屋だい
鉄板もの以外に鹿児島や熊本の郷土料理や酒が楽しめるカウンター居酒屋
御池通
かつて孫橋があったと思われる場所
孫橋通
孫橋湯
味久
コの字カウンターのアットホームな居酒屋。おばんざいやバッテラうまし
鴨川
京阪三条駅（地下）
地下鉄東西線
地下鉄 三条京阪駅
三条通
三条大橋
篠田屋
カレーうどんの汁をご飯にかけた「皿盛り」が名物の渋い食堂
炭火焼鳥つむぎ〜紬〜
丁寧に仕上げた焼鳥がリーズナブルな人気店

孫橋湯
京都市左京区法林寺門前町 36
☎ 075-771-2108　P 無
15:00 〜 23:00
休：水曜日と第 2 木曜日
㊎㋚㊌㊕㋛

三条大橋竣功

1950 年 4 月竣工の三条大橋渡り初め式。最前列から逆 V 字状に整列する紋付きの三組が辻さん三世代（3 列目女性のお腹が大きい）

サウナの梅湯

SAUNA-NO
UMEYU

銭湯新時代への道を切り開き続けて10年

〝行ったらあかんとこ〟で

五条楽園、というものがあった。昔の遊郭跡である。五条通の南、鴨川と河原町通に挟まれたエリアで、私が京都で暮らした学生時代（40年ほど前）にはまだ派手な看板アーチがかかっていた。男女の情念がおどろおどろしく染みついたような和洋折衷の旧遊郭屋敷が建ち並ぶ中、その流れを汲む怪しげな店がいくつも灯りをともし、目付きのよからぬ男たちも跋扈《ばっこ》して、〝良い子は行ったらあかんとこ〟だった。

10年前の5月5日、それは小さな船出だった。湊三次郎という銭湯オタクの若者が大学を出て就職したアパレル企業を1年ちょっとで辞め、このエリアの暴力団事務所（のち退去）の裏にあった廃業予定の「サウナの梅湯」を借りて営業を引き継いだ。それが「ゆとなみ社」の始まりだ。

男湯の水風呂にかかるアーチ橋が珍しい

さまざまなものが詰め込まれたロビーは若者文化の発信拠点ともいえる。新鮮な大原の野菜も販売中

この経緯については過去の拙著も含め幾多のメディアで紹介されてきたので、ご存じの方も多いだろう（42頁）。

そして10年が過ぎた。ひとことで言えば、それは彼が感じた「この廃業は惜しい」「こうすれば続けられるのでは」との思考を具現化していく10年であり、その奮闘ぶりに引きつけられて集った若者たちの10年だった。

彼らのチャレンジは同時代の若者たちに響いた。時流の必要に叶ったともいえる。梅湯の客は数倍に増え、彼らが継業する銭湯も毎年増えて、ついに二桁に達した。新たに引き継いだ銭湯の多くは番台式からフロント式へ改装されたが、基本的には各銭湯の個性を引き出すことに注意が払われ、共通デザインや均質性を売る世のチェーン店とは一線を画している。

そのエッセンスを最も端的に表すのが、原点でもある現在の梅湯のロビーだろう。彼らの頭に浮かんだものを容

女湯浴室には松の木のペンキ絵が新たに描かれた

赦なくぶちまけたようなその空間は、あたかもインディーズカルチャーの巣窟を思わせるカオスな様相を呈し、それまでのどの銭湯にも見られなかった光景だ。

若者が求めたもの

　昼間の梅湯に入る。中途半端な時間ながら、中高年から若者まで幅広い世代と、そこに常に外国人も混じって賑わうのが梅湯らしく、また京都らしい。

　銭湯は時代の変化の中で、常連客の減少と高齢化が顕わになったが、梅湯の客層はそれより明らかに若者世代が多い。現在の店長は27歳（64頁）だ。

　が、彼らもそのうち高齢化する。そのころ、ここはどんなふうになっているのだろう。減っていく銭湯の中でそんな先のことまで想像させられてしまうのがまた梅湯なのだ。

❶サウナの梅湯を引き継いだあとにサウナブームが到来した　❷脱衣場

（薄いピンク地のエリアは旧「五条楽園」のおおよその範囲）

かいわい
ぶらぶらマップ
河原町通
五条通
京阪電鉄（地下）
清水五条駅
高瀬川
鴨川
川端通
レバノン料理 汽
スタイリッシュで落ち着いた空間で本格的なレバノン料理を味わえる
六軒
落ち着いたムードでゆったりできる、創作系のおしゃれな居酒屋
八千代
カウンター数席とテーブル二つのミニ居酒屋。お惣菜で女将と会話、のんびり一杯
キコク食堂
京都らしい食堂メニューで夜に定食を食べられる。一杯やるもよし
サウナの梅湯
五条モール
旧遊郭をリノベして雑貨店や飲食店など各種ミニ個人店舗が入った文化発信基地
ロックストック
夜８時から、往年のロックが聴ける人気のロックバー。リーズナブル
OPEN
丸福楼
任天堂旧本社をリノベした人気の高級ホテル

サウナの梅湯
京都市下京区岩滝町 175
☎ 080-2523-0626　P無
平日 14:00 ～ 2:00
土日 6:00 ～ 2:00
休：木曜日
㋫㋚㊌㊋㊩㋛

❸オリジナルグッズ充実　❹Ｌ字薬湯。壁には手書きの梅湯新聞が

ゆとなみ社の登場

銭湯に通う人々に「なぜ?」と尋ねると、多くの場合、「好きだから」「気持ちがいい」「癒やされる、心身がリセットされる」「サウナで整う」といった返事が返ってくるだろう。私もそうだし、それらが銭湯通いのベースにあるのは確かだ。

でも、それらの効用は銭湯に限らない。カフェ好きはカフェで、呑んべえは飲み屋で、山好きは山で、海好きは海で、それぞれ似た境地を得るだろう。

そして、いくら好きだからといっても、では減っていく銭湯を自分が引き継ぐかとなるとまた話が別だ。

サウナの梅湯(38頁)を皮切りに休廃業銭湯を次々と「継業」する「株式会社ゆとなみ社」の代表・湊三次郎さんも、それら銭湯の良さを実感して「銭湯オタク」になったところから始まっているが、その後の動きは従来の銭湯愛好者とも銭湯経営者とも異なっている。

彼の活動の特徴的な点は二つに集約できると私は考える。

一つは、個人商店(現在は株式会社となった)でありながら「銭湯を日本から消さない」という闘争的な社会的スローガンを掲げ、自身をそのための「銭湯活動家」であると規定している点。いわば消費者運動であり「行動するオタク」である。

もう一つは、今ある銭湯の「良さ」の肯定を出発点として、それぞれ個別のブランド価値を打ち出す戦略だ。

その根底には、銭湯はダメだから減っているのではなく良さをわかってもらえていないだけだ、との銭湯オタクの確信がある。もし銭湯が減ることなく栄えていたならば、おそらく彼は一入浴客として銭湯めぐりを楽しむにとどまり、何か別の仕事にトライしていたことだろう。

従来の銭湯経営者の多くは、かつての時代背景の中で儲かる商売だった銭湯業を自らの生活の糧として始め、二代目以降は「家業」として引き継ぎ、やがて状況が厳しくなって廃業、というのが一般的な流れだ。

その意味で、オタク燃料で動く変わったエンジンを搭載して参入し、存続できなかった銭湯を次々に蘇らせる彼の存在は異質で、理解されるのに時間がかかるものでもあったろう。が、その新風によって銭湯が従来とは異なる角度から世に再評価されることにつながった。

ゆとなみ社によって廃業を免れた銭湯が京都に現在3軒、全国で10軒以上存在する事実は銭湯ファンにとって福音だが、湊さんの活動によってもたらされた、おそらく銭湯界にとって最大の功績は、世の若者たちに「風呂屋になる」という選択肢を打ち立てたことだと私は思う。しかもそれを「カッコイイ」ものとして。

そしてすでに、そこからさらに新世代の銭湯経営者らが生まれつつある。

※**ゆとなみ社が継業した銭湯**
サウナの梅湯(京都市)、都湯(大津市、のち独立)、容輝湯(大津市)、源湯(京都市)、みやの湯(門真市)、人蔘湯(豊橋市)、鴨川湯(京都市、26頁)、湊河湯(神戸市)、一乃湯(伊賀市)、パール温泉(大阪市)、扇温泉(大東市)

二、

紫野のあたり

林 宏樹さん（フリーライター）の好きな銭湯に連れていってもらいました

死角がなくて
のびのびです

取材したことない銭湯

私が初めての銭湯本を出したのよりも5年前に『京都極楽銭湯案内』という本（淡交社、２００４年）を出されたライターの林宏樹さんは、私より若いけどパイセンだ。その後も雑誌などに銭湯の記事を書いたりしつつ、京都でライターとして地道に活動を続けておられる。京都の繁華街で生まれ育った生粋の京都人、京都のことなら何でもよくご存知なので、これまでいろんなことを教えていただいた。

しかしその最初の著書はもう絶版になってしまったらしいので、「また出さないのですか」と尋ねてみた。

「いや〜京都の銭湯はなんとなく身近すぎて、アチラを立てればコチラが立たずというか、ホメればホメたでわざとらしいような、なんちゅーか……」

と言葉を濁されるのであった。はあ、

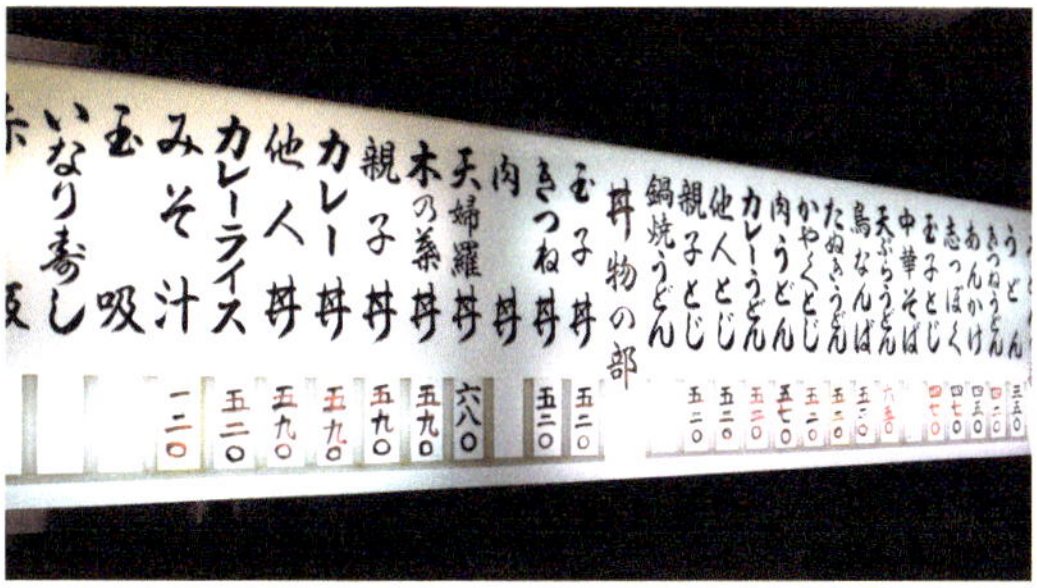

紫竹の千成食堂にて

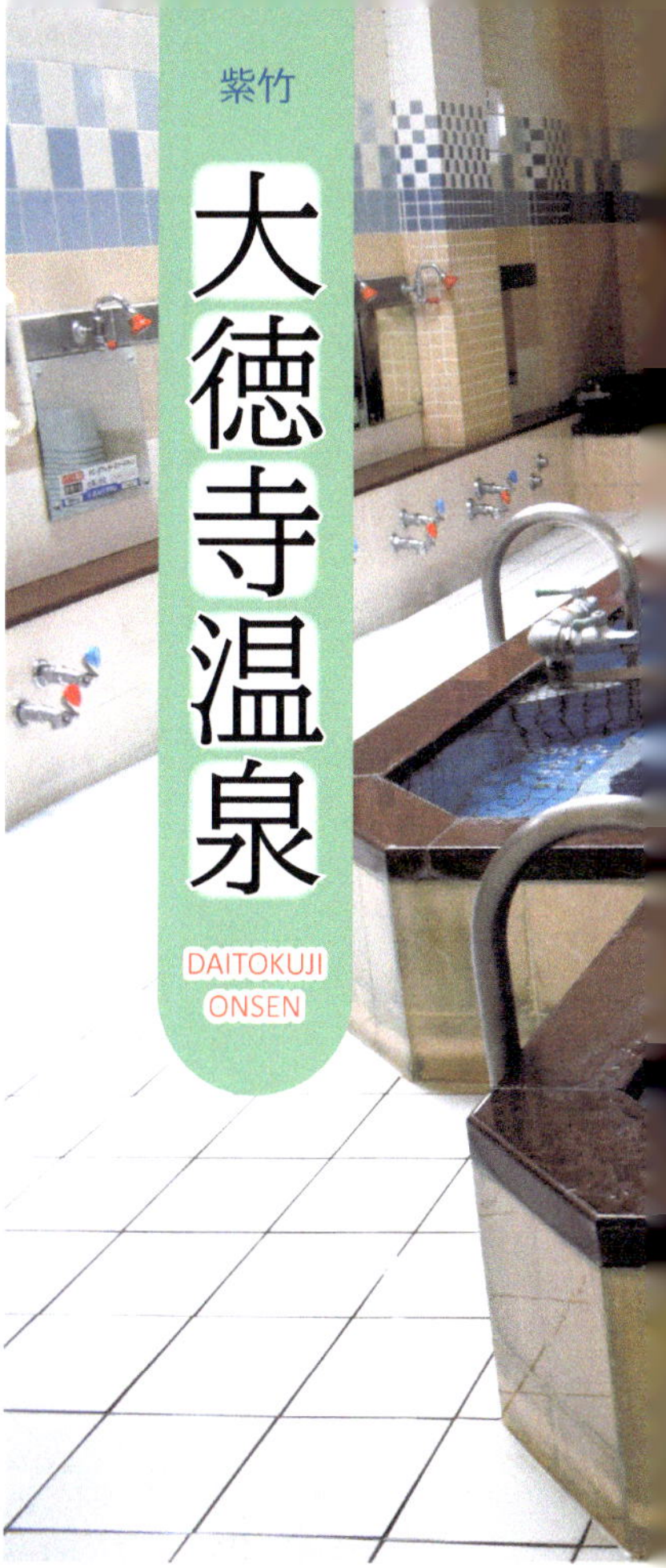

紫竹

大徳寺温泉

DAITOKUJI ONSEN

そうですか、でもわかります、愛するがゆえの煩悶。そんなことだろうと思ったので私はヨソモノながら本書を企画したのです。

「で、近頃はコッソリとおもにどちらの銭湯へ？」

「大徳寺温泉さんですね。そちらは過去に一度も取材したことも書いたこともありません」

だからこそ一入浴客として呆けた表情をさらせると。わかりますとも。

大徳寺温泉はその名の通り大徳寺という京都有数の巨大寺院の近くにあるが、どういうわけかこの寺の東側には4軒の銭湯が徒歩3分ごとに並んでいる。実際に歩くとびっくりするが、よく考えてみれば私が京都に住んでいた学生時代は、どの角を曲がってもこれくらいの間隔で風呂屋の煙突が煙を吐いていた。つまり当時のままの懐かしい状況が今なお続いているエリアと言えるだろう。

❶昔ながらの豆腐屋さんや漬物屋さんが並ぶ新大宮商店街
❷狭い路地にありながら意外に駐車できる台数が多い大徳寺温泉

これが目的みたいなもん

大徳寺温泉の少し北にある千成食堂で林さんと待ち合わせて、風呂の前に腹ごしらえをした。銭湯と同様にその数を減らしながらも、地元民の圧倒的な支持をもって京都の随所に残る暖簾分け系ヤスウマ優良店である。

そのリーズナブルなランチが運ばれてくると、私が何も言わないのに林パイセンはオカズを箸で持ち上げて口を開け、かぶりつく姿勢でじっと静止してくれる。私は慌ててカメラを構える。さすがはパイセン、勉強になります！

で、ふだん銭湯へはどんな感じで？

「ふだんは5～6軒をローテーション、その他あちこち。出かけたらそこで風呂に入って帰りますし」

大徳寺温泉へは？

「ここにはいつも夜中の12時頃に車で

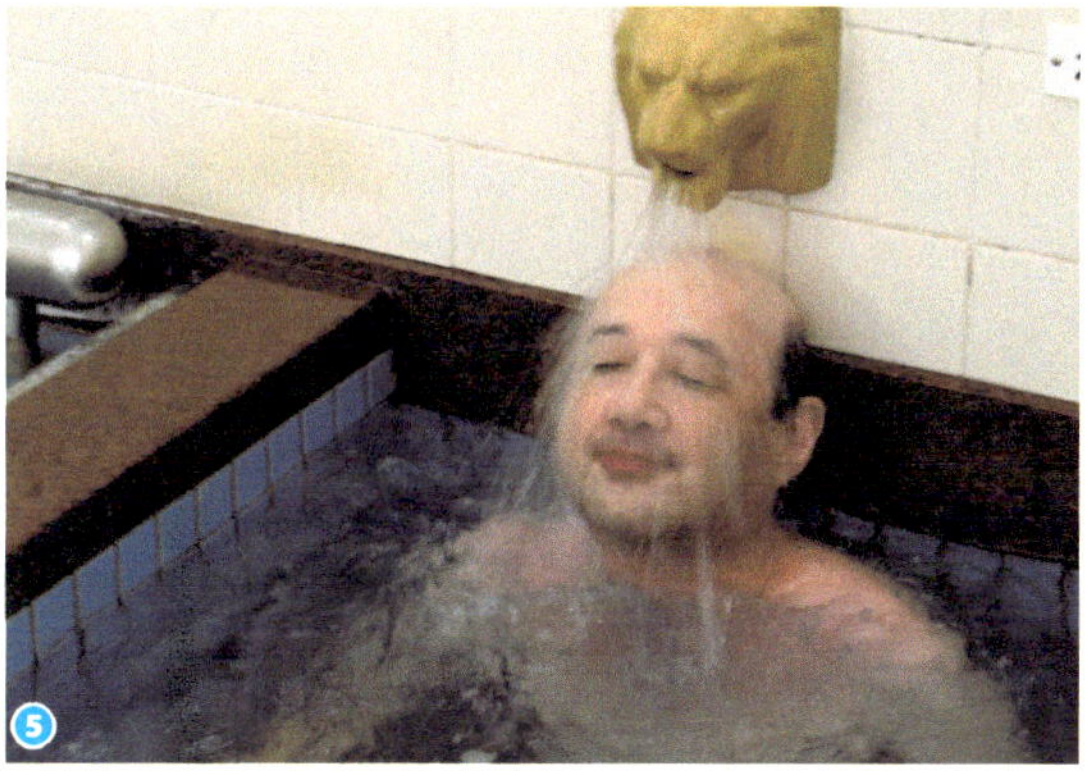

❸中央配置の主浴槽、お湯はやや熱め　❹ふしぎな壁のタイル絵　❺脳天直撃の水風呂

来ます。ウチから15〜20分くらい」

　どういうところをお気に入りで？

「その時間は学生グループがいないことが多く、ゆっくりできます。なにより水風呂が広くていい、これが目的みたいなもん。深風呂も熱めでいいですね。深風呂4〜5分、水風呂2〜3分、これを3セット。いつもきれいで居心地がいい。死角のないシンプル空間で安心感がありますし。それに駐車場が広くてだいたいすぐに停められます」

　この銭湯の良さをサクサクと語る林さん。

「ちなみに、この界隈に風呂屋が高密度で残ってるのはなんでですかね？」

　と尋ねると、

「うーん……わかりませんが、このへんはどこも早い段階でフロント式に変えはったので、もしかすると新しい世代に抵抗なくつながったのかも。どこも遅い時間までやってますし」

　とのことだった。

よかったね、林さん!

大徳寺温泉を担ってきた山本輝男さん（86歳）は福井出身で、親戚が営む別の銭湯に呼ばれて京都へ出てきた。サラリーマンや大阪での銭湯経営を経由して、昭和初期に建てられた同湯を1978（昭和53）年に購入。7年後に改築し、さらに2005年には現在のビルに建て直した。

「井戸もあちこち掘りなおして、今の井戸は80メートル。よく出ます。2階は女子大生専用マンションで、風呂はタダ。入居する4人ともフロントでバイトしてくれてます」

これまで薪で沸かしてきたが、去年の夏に重油ボイラー、コンピュータ制御に切り換えた。「昔はリヤカーで薪を運んで大変やった」。

「それにしても排水溝までピカピカですね」

「全部タワシで磨くんですわ。閉店後に掃除して3時半に寝ます」

筋金入りの風呂屋と言わざるを得ないが、すでに後継者が20年ほど前から一緒に大徳寺温泉を支えている。それは山本さんの娘婿、丸山充芳さん（55歳）だ。元は会社員で、その仕事が好きだったので少し迷ったと言う。

「銭湯業界も全体に落ち込んでいた時期だったので数年考えました。でもこの娘さんと結婚してから風呂屋が好きになっていたので、決心しました」

丸山さんには娘が3人いる。

「もし誰かがやりたいと言えばスムーズに譲れるよう、会社にしたんです」

まだまだ楽しめそうですよ、よかったですね林さん!

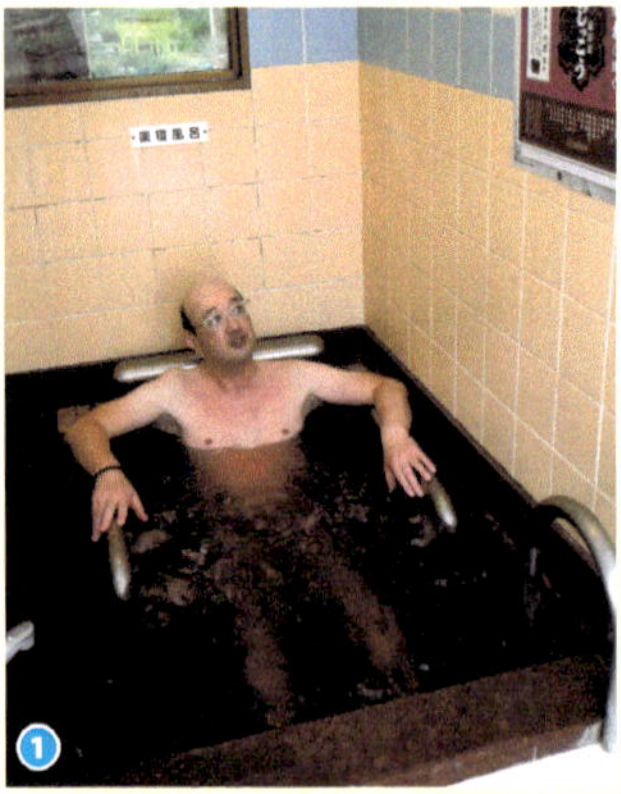

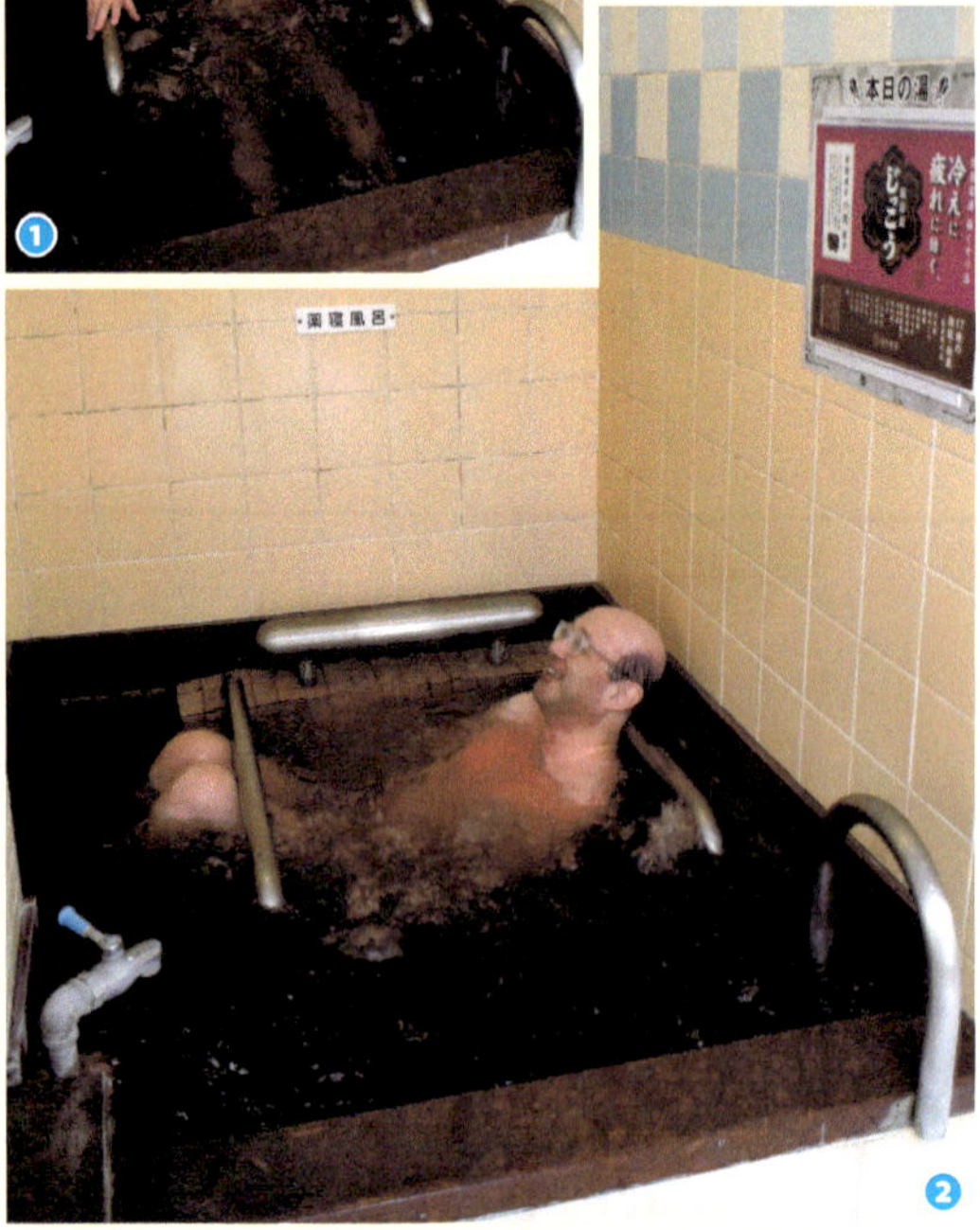

❶薬湯、本来はこの体勢だが……
❷林さんはこの体勢が好きだそうだ。嬉しそう。あなたもぜひ

かいわい
ぶらぶらマップ
北山通
下緑町（バス）
大宮通（新大宮商店街）
堀川通
千成食堂
親子で 60 年続く人気の大衆食堂。日替わり定食 600 円でリーズナブル
東高縄町（バス）
大徳寺温泉
紫野温泉
大徳寺温泉とわずか徒歩 4 分の距離。露天風呂があり生ビールも飲める
ブドウ酒場ケンちゃん
15 時から飲める、ワインとちょっといいアテがウリの立ち飲み
今宮通
大徳寺
広大な寺院。通り抜け可能
中華のサカイ本店
昔ながらの商店
古くからの豆腐店と漬物店が並んでいる

大徳寺温泉

大徳寺温泉
京都市北区紫竹西高縄町 58
☎ 075-491-6770　P 有
14:00 ～ 1:00
休：金曜日
フサ水電薬シ

山本輝男さん（左）と丸山充芳さん

紫野

上野湯

UENOYU

産井戸から歩いて3分

千年の都だけあって、京都出身の歴史上の有名人はゴマンといる。しかしその中でも、奥州から関門海峡まで日本列島を股にかけて活躍した有名人といえば源義経を置いて他にあるまい。

波瀾万丈の悲劇の人物ではあるものの、弁慶との対決では五条大橋の欄干にピョンと飛び乗ったり、壇ノ浦では船から船へピョーンと八艘飛びを決めたりと、この人にまつわる伝説にはどこか明るさがともなう。小さな体に勇気と知恵と能力がギュッと詰まった小気味よさは日本人好みのヒーロー像なのだろう。

京都の北西端、かつて天皇や平安貴族らの遊猟地だった上野という場所に「牛若丸の産井戸」と伝えられる井戸がある。上野には義経（牛若丸）の父・源義朝の別邸があったとされ、赤ん坊の頃に母・常盤御前《ときわごぜん》に抱かれての

牛若丸の里でこぢんまり

浴室入口すぐのかかり湯はサウナ→水風呂への動線上でもあり便利

逃避行に始まる苦難の人生がここから始まった、ともいえるだろう。

その産井戸から歩いて3分のところに、井戸水を沸かす古い銭湯がある。狭い辻にちょこんと立地する、見るからに小さな姿。日本で次々に姿を消しつつあるミニ銭湯が、京都の外れの、牛若丸の里にこうして残っている――私はなんだかじんとして、しばらくそのたたずまいに見入ってしまった。

中に入ると昔ながらの番台式で、脱衣場も浴室も絵に描いたようなこぢんまりサイズ。だが各種揃った湯船はさほど狭さを感じさせず、サウナや水風呂もあって、限られた空間に効率的にカチッと詰まっている。

今に生きる九郎伝説

3人ほどでいっぱいになる小さなサウナでは懐メロがかかっていた。

「あぁあ～、あきらめた、恋だから、なおさらあいたいあいたい、もいちどぉ～♪」（五木ひろし「夜空」）

「あ」のアクセントの連続がじつに素晴らしいなぁと感心していたら、よく知ったピアノのイントロが。

「きみの心へと続く、長い～一本みぃちが～♪」（チューリップ「青春の影」）

隣で汗を流している高齢者と、その向こうのゴツイおやじも、一人の女性を想い続けるこれらの歌を黙って聴いている。思えばちょっと奇妙な空間だ。みんなこの小さな部屋でそれぞれの人生を内省しているのだろうか。そしてサウナを出たら地下水かけ流しの水風呂で生き返るのだろう。

上野湯は1927（昭和2）年築だそうだ。現在の店主は、終戦の翌年にここを買い取った初代から数えて3代目に当たる。

「ヨメはんが初代の孫で、ワシは養子で来た。ワシの父親は石を彫る職人で、嵐山の亀山公園にある周恩来総理の記念詩碑『雨中嵐山』を彫った人や。ワシはその9人きょうだいの末っ子」

なんと、牛若丸も9人きょうだいの末っ子で後に「九郎義経」と呼ばれたではないか。もしや……。

「昔はこの風呂屋の横の南北の道沿いに小さな川があって、伏流水やったけども、その川が今宮神社の参道を渡るところに〝ごんじょ橋〟ちゅう橋がかかっとった。五条大橋の欄干は跳ぶには高すぎるやろ。ここらでは、あれは〝ごんじょ橋のことや〟と言われてるんや」

そう言って店主はニヤリと笑った。

かいわい
ぶらぶらマップ
紫野泉堂町（バス）
北　山　通
牛若丸の産井戸
古くから伝わる井戸。後ろに胞衣《えな》（胎盤）塚もある
光念寺
常盤御前（義経の母）の守り本尊“腹帯地蔵”を安置する小さな寺
上野湯
今宮神社
京都三大奇祭「やすらい祭」で知られる巨樹の多い古社
紫野上野町（バス）
千呂里
オリジナリティに富んだ鉄板焼きの人気店。写真は名物「豚ぎょうざ」
ラーメンタンポポ
見た目は強烈だがあっさり食べられる人気ラーメン店
あぶり餅 一和（一文字屋和輔）
平安中期から続く日本最古の飲食店。「かざりや」と向かい合う

❶郷愁を感じる脱衣場　❷暖簾のマークは手話で I love you を表わす

上野湯
京都市北区紫野東泉堂町 35
☎ 075-491-4037　P有
15:30 ～ 0:00
休：火曜日
㊎㋚㊌㊔㋛

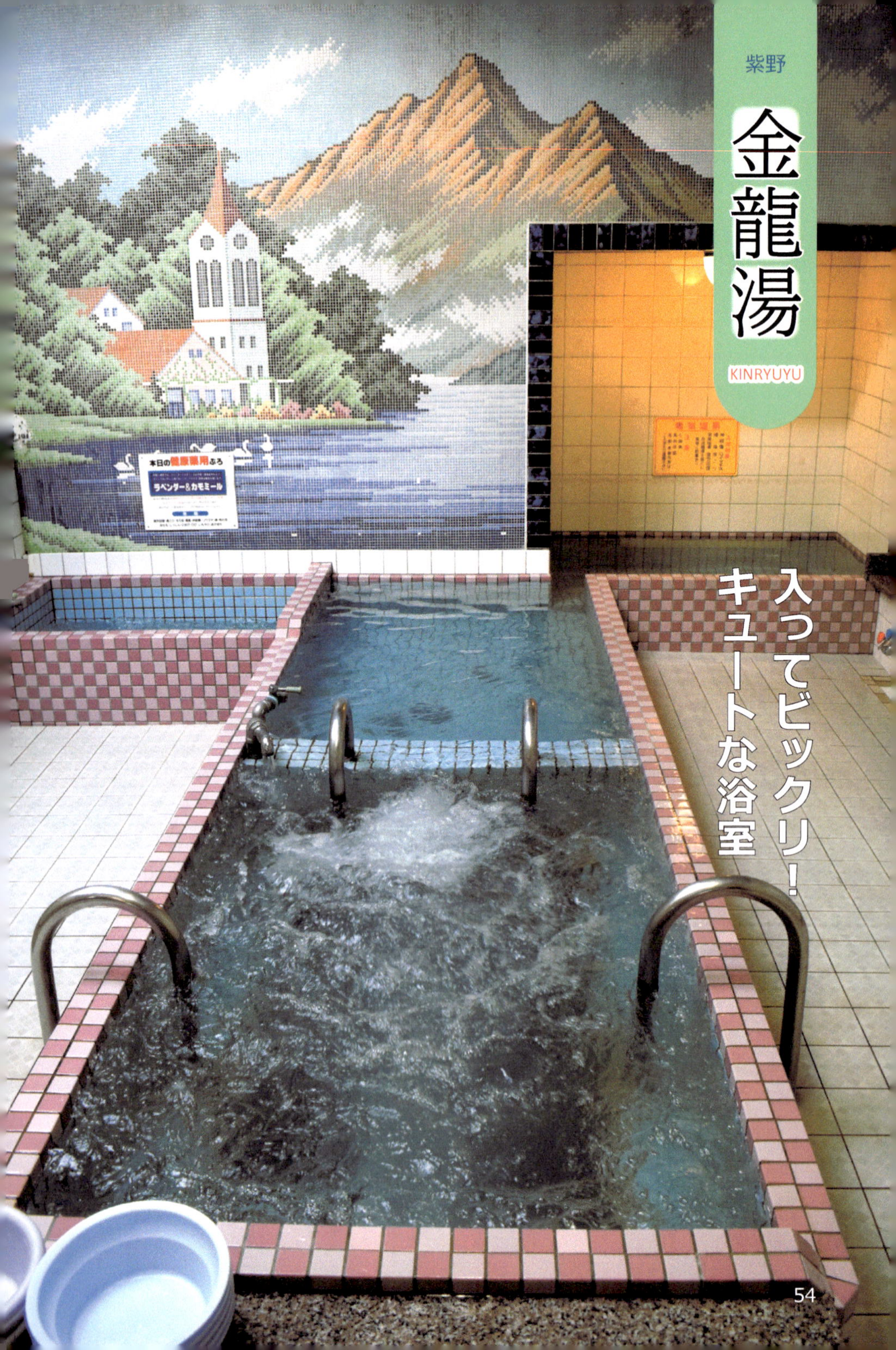

紫野

金龍湯

KINRYUYU

入ってビックリ！キュートな浴室

「穴場的銭湯」

大徳寺の東側の「銭湯銀座」で一番南にあるのが金龍湯。見た目は4軒中もっとも飾り気がなく、一切の色気を見せないストイックな姿。かつて銭湯が近隣住民の生活衛生インフラとしてのみ機能してそれで十分だった、懐かしい時代を思い出させてくれる。うん、これはこれで嫌いじゃないね。

でもSNSで検索してみたら、なんとX（旧ツイッター）でもインスタグラムでもしっかり情報発信しておられる。そのトップページを見て衝撃を受けた。

「廃業寸前　銭湯一家の記録」

ほ、ほんとうなの……!?

さらにホームページも開設されていて、トップページにはこんなキャッチが大きく書かれている。

「密かに佇む **穴場的** 銭湯」

「**穴場的**」の部分は大文字だ。もうこの時点で私は完全ノックアウト。やられた。愛してる。

ジサマをピンクに染め上げる

そして私は堀川通を勢いよくまっすぐに北上する12系統の市バスに乗り、大徳寺前で降りた。北大路通の一筋北、T字路に佇む「**穴場的**銭湯」、うん、このそっけなさは間違いなく穴場だ。

しかし入るとフロントロビー式に改装されている。脱衣場では近所のご隠居様らしき方々が楽しげに歓談中。微笑ましく思いながら服を脱いで浴室の戸を開けた瞬間、私はその場に膠着状態となった。

な、なんなの、このキュートなお姫様風呂は……。

私は脱衣場を振り返った。談笑する地元のジサマたち。再び浴室を向く。湯船が全部ピンク色のタイル。

男湯なのに、ジサマしか入ってないのに、オールピンク。

しかも壁は見事なモザイクアートで彩られ、とてつもない華やかさと爽やかさが満ち満ちている。

私は狐につままれたように呆然としながらも、まずしっかり熱めの深風呂へ。おおっ、内側が部分的に4段になっているぞ、これは安全設計だ。

きっちり熱いサウナから水風呂、そしてぬるめの薬湯へと漂う三角浴もハマる。楽しみどころの多い風呂だ。

求む、手の長い人

店主の浅村靖彦さん（77歳）によると「あちこち傷んでる」そうだが、特に悩ましいのはお湯の漏れだ。

「1時間ちょっとで沸くのが2時間かかる。手の届かへんところが漏れてて、業者もようしよらへん。誰か手の届く人なおしてくれへんかな」

お湯の漏れとのバトルはあちこちの銭湯で聞く話で、これが廃業の原因になることも少なくない。

――SNSに「廃業寸前」とあったんですが。

「ああ、あれは娘がやっとるんや。いっぺんも見たことないけどな。一昨年くらいにワシが『やめる』言うたら、娘が『もうちょっとやろうや』と言うて、そういうのやらホームページを作ったりしよった。でもあれをやりだしてから、チョット客が増えた」

石川県出身の浅村さんは、高校2年のときに京都に来て、いとこが経営する東山湯で働いてきた。その後に父親が京都に来て金龍湯を手に入れ、親子で運営してきた。現在は息子さん、娘さんと3人で切り盛りしている。

「建物は前の持ち主から引き継いだ時のもの。その後サウナを増設して今のかたちになって40年以上になる」

老朽化した設備を一新するには大きな費用がかかる。だがこういった華やかでかわいい浴室を持つ銭湯は京都でも少なくなってきた。

とりあえずお湯が漏れているところに手が届く人、来たれ！

水風呂もゴージャス！（水を溜めている途中）

かいわい
ぶらぶらマップ
門前湯
金龍湯からわずか徒歩３分の快適銭湯、こちらもぜひ！
京都深村
紫式部や鳥獣戯画のどら焼き自販機がある民家的和菓子店
大徳寺
大宮通（新大宮商店街）
酒処かず
グーグルマップにも載らない超穴場。年配のおかみさんと素朴なアテ
金龍湯
大徳寺納豆
かつて飢饉を救った独特の保存食の販売店が並ぶ。すっぱ苦い不思議な味
北大路堀川（バス）
北大路通
大徳寺前（バス）
堀川通
むらさき湯（↓58頁）
ぽんちゃん
安くてうまい小さな居酒屋。ちょい飲みセットも良
つぼ
一見入りにくいがリーズナブルに飲める居酒屋

金龍湯
京都市北区紫野下石龍町 1-3
☎ 075-491-0465　P有
15:00 ～ 23:00
休：火曜日
㋫㋚㊌㊋㊕㋛

❶昭和中期の落ち着いた脱衣場風景　❷男湯のモザイク画は山と滝

紫野

むらさき湯

MURASAKIYU

危機を乗り越えた まゆみちゃんの決断

まゆみちゃん

紫野のむらさき湯。銭湯には似た屋号がけっこう多いけど、これは一発で覚えて間違えることのない、とても素晴らしい屋号だと思う。

風呂は機能的でジェットも快調、タイルぴかぴか、湯船のお湯は豊富に溢れ、強力なサウナと広めの水風呂かけ流し、露天風呂もあって言うことなし。

それに加えてＳＮＳではおかみの「まゆみちゃん」が活発に発信、常連客もみな「まゆみちゃん」と呼んで和気《わき》藹々《あいあい》。さらに彼女は、大阪の湯処あべの橋、名古屋の平田《へいでん》温泉のそれぞれのおかみと3人で「キャッチ湯エンジェルズ」という謎のトリオを結成し、「パンダ銭湯」などのイベントを共同開催して、これまた銭湯の楽しいメッセージ発信者として貢献している。

つまり人気銭湯、愛され銭湯なのである。当然のごとく、いつ行っても賑わっている。

だが世の中、甘くはない。ここに至るには人知れぬ苦悩と決断があった。

何のために苦労を

１９３１（昭和6）年創業の同湯が「むらさき湯」になったのは１９７０年頃。石川県から出てきて銭湯経営に乗り出したまゆみちゃんの両親がこの時に屋号を変えた。まゆみちゃんは中学生だった。

やがてまゆみちゃんは企業に就職し、社内恋愛を経て結婚退職。夫の林正樹さんの転勤で京都を離れた。

30年ほど前に京都へ戻ると、彼女はむらさき湯を手伝うようになる。その数年前に同湯は現在の浴室に改装し、その借金を返すために両親は懸命に働いていた。その苦労もあってか父親は２０１４年に亡くなった。その年から、彼女は「風呂屋のまゆみちゃん」として情報発信するようになった。

まゆみちゃん

その3年半後には母親も亡くなった。両親が亡くなったら、風呂屋を閉めるつもりだった。

「でも、改装の借金をやっと返して、さあこれからやという時だったんです。両親は何のために苦労してきたのかと。そこで、私の代だけはやろう、両親が苦労して蒔いた種を私が刈り取ろう、と思いました」

定年後も嘱託で会社に残っていた正樹さんも退職して銭湯に携わるようになり、少しずつ新たな試みができるようになった。

それが今のむらさき湯である。今ここでみんなが憩えるのは、まゆみちゃんの決断あってこそなのだった。

ともだち銭湯

両親亡きあと、さまざまなイベントを行なうようになり、2024年にはついにイベント時に脱衣場の男女境の壁を取り外せるように改造した。

正樹さんが力を入れるのは「ともだち銭湯」企画。これは大人客から寄付を募って、銭湯に触れる機会の少ない子どもたちに無料入浴を提供するもので、朝日温泉（大阪市住吉区）や御所《ごせ》宝湯（奈良県御所市）でも行なわれてきた。正樹さんはそれらと情報交換しながらも独自のやり方を模索する。

「うちは子どもらの入る時間を貸切にせず、通常営業中にやっています。だから子どもらは高齢者や、入れ墨のある人とも一緒に風呂に入ることになる。すると大人の客の雰囲気まで変わってきました。子どもらと一緒に水風呂に入ったり、募金箱に毎月1000円入れる人がいたり。うるさいと言いながらもコミュニケーションを取ろうとする。これがなければ、今の客は風呂場でもそれぞれ別々に過ごす人が多いですから」

ちなみにお二人には3人の子どもがいて、イベントやインスタ発信などを分担して手伝っている。「肉体労働は親がするんです」（正樹さん）

先代が亡くなった時点で消えてしまうはずだったむらさき湯に、未来が見えつつあるのかもしれない。

充実のジェット類で全身がほぐされる

かいわい
ぶらぶらマップ
←（57 頁
地図に続く）
北 大 路 通
北大路堀川
（バス）
むらさき湯
翡翠《ひすい》
広々として収容力のある、人気の昭和レトロ喫茶店
カフェ・ふらっと＋ベジ
落ち着いてお茶や食事ができる。電源・Wi-Fi あり
カフェテリア KOZUE
しっかりと食べられる喫茶店。リーズナブルな日替わり定食
堀
川
通
紫式部・小野篁の墓所
紫式部を地獄から救うため、冥界に通じた小野篁の横に葬られたと言われている
紫野宮西
公園
紫 明 通
アルコーヴ
イギリス風の店内の雰囲気・料理ともによく、落ち着ける名店。年配マスターが一人で営む
北大路カレーうどん
昼定食 900 円は、カレーうどんにだし巻き・ご飯・中華胡瓜がつく

正面は先代の手でビル風に改装されたが内部は古い木造建築の味わい

むらさき湯
京都市北区紫野東御所田町 15
☎ 075-431-6558　P 有
15:00 ～ 1:00
休：月曜日
㊮㋚㊌㊎㋹㊇㋛

コラム

水風呂とサウナ

本書のいちばん最初に、京都銭湯の最大の魅力として、水質の良さ、とくに水風呂、と書いた。

私は京都のみならず銭湯最大の魅力は水風呂ではないかと考えている。水風呂は自宅の風呂では味わえないし、ふだん銭湯に行かない人ならそもそも冬に水風呂なんて入ろうとも思わないだろう。ところが銭湯では真冬のどんなに寒い日でも、たとえ北海道であっても、キンキンの水風呂に平気でドブーンと入れてしまう。それくらいぬくもってしまう。銭湯の中は常夏なのだ。そこに銭湯のパワーが如実に表れていると思う。

近年のサウナブームで、水風呂は注目度を高めた。その場合、水風呂はサウナとセットで語られる。実際、水風呂はだいたいサウナのある銭湯に設置されるケースが多い。

ところが京都では、サウナのない銭湯でもほとんどの場合、水風呂がある。銭湯設備としては、まず水風呂、次にサウナというわけだ。

とはいえ京都ではサウナ設置率が高く、しかもほとんどの銭湯で別料金不要なのである（京都以外の銭湯で乾式サウナに入るには、たいてい別料金が必要）。それは京都の公衆浴場組合でそのように決まっているわけではなく、最初に設置した銭湯が別料金なしにしたため他の銭湯も追随し、その結果「サウナは無料」との認識が利用者側に広がって今さら別料金をとりにくくなってしまった、ということのようだ。

正直いうと私はサウナにさほど関心がなく、別料金を払ってまで入ることはまれだ。私の感覚でいうと、サウナがなくても熱めの湯と水風呂の交互浴で十分に仕上がるし、そのほうがてっとり早いと感じる。

が、それでも京都に来るとサウナに入る。むろん別料金不要だからだが、サウナに流れる有線の演歌や懐メロ、あるいはテレビニュースなどを、知らないおやじたちと一緒に裸で見たり聴いたりする世界がなかなかに味わい深いからである。

明田湯（120頁）のサウナでは、室内のテレビでちょうどトランプ新大統領の就任演説が流れていた。そこで語られる少数者や移民に対する政策。次々と大統領令にサインし、そのペンを聴衆に投げるパフォーマンス。その様子を、京都の下町の古い銭湯の、かがんで入る洞窟のように狭くて薄暗いサウナで、圧迫されるような熱気に包まれながら数人の男たちが汗をじくじく流しながら黙ってじっと見つめ、共有しあっていた。

究極に無防備な姿で私はその密室空間に混じりながら、どこにいてもこうして世界は全部つながっていること、ひとたび戦争が起こると世界の片隅の市井の人々も否応なく巻き込まれていくこと、世界とはそういうものであることに思いを巡らせた。どんどん汗が噴き出し、こめかみから顎を伝って落ちる。サウナの平和よ永遠に……。

そして水風呂にザブーン！

三、

まんなかあたり

中野初音さん（サウナの梅湯店長）の好きな銭湯に連れていってもらいました

烏丸御池

初音湯

HATSUNEYU

初音ミーツ初音湯！

27歳か……て、なんなんそのテンテンは！と自分に思わず突っ込んでしまうのは、私の娘と同い年だからである。中野初音さん27歳、長野県松本市出身。サウナの梅湯（38頁）の店長を務めている。

1月生まれの彼女は自分の名前について、「年を越して最初に鳴くウグイスの声のことを初音というんだよ」と父親に教わったそうだ。

初音さんは大学4年のとき、地元で毎年開かれる「りんご音楽祭」に出かけたところ、目をひかれるものに遭遇した。埼玉の喜楽湯という銭湯が出店して自店のTシャツなどを売っていたのである。彼女は温泉は好きだったが、いわゆる銭湯はほとんど未経験だった。大学で「観光ホスピタリティ」を学んでいた彼女は「へぇ～若い人が銭湯をやってておもしろい」と感じ、これは卒論の題材になるのではと考えて喜楽湯へDMを送り、夏休みに1週間住み込みで働くことになった。

そのことで彼女の人生が変わった。

「すごくよかったんです！」

銭湯がすごくいいことは私も知っている。が、そこで働くことの何がよかったのか。

地下鉄「烏丸御池」駅構内に初音湯の鏡広告を発見！

三

とにかく綺麗なんです

「銭湯のある生活がめちゃくちゃ豊かだったんです。せっけんの匂いがする。みんなが使ってるシャンプーやお湯の湯気が混ざった匂い。それが毎日違って、今日の匂い好き、とか。その中でタオルを洗濯し、釜の上の暖かいところでタオルをたたむ時間。それを横で猫が見てるんです。そして来てくれたお客さんに〝おやすみ〟と言う仕事。ここには小さな幸せが詰まってると思いました。それまでのバイト先では、そんなふうに感じたことは1回もなかった。だから順番としては、まずこの仕事が最高だと感じ、次に銭湯を好きになったんです」

　銭湯ファンとしては泣けてくるような素晴らしい感性ではないか。

　初音さんは大学卒業後そのまま銭湯で働きたいと思ったが、両親にそう言うと「意味わからん。1度は一般企業で働いてみなさい」とたしなめられ、それもそうだなと松本の一般企業に就

清潔な洋館風の初音湯

職。営業職を3年勤めながら松本周辺の銭湯や温泉をめぐり、湯に浸かっては癒やされていたそうだ。

「温泉施設より銭湯のほうが〝日常〟があっていいと思いました。泉質云々より人々の日常、〝おやすみ〟かな」

仕事はそれなりに楽しかったが、銭湯業での「幸せ感」が忘れられず、2022年の末頃ついに、社員を募集していたゆとなみ社の面接を受けた。

「そのあと、どこか銭湯に入って帰ろうと思って検索し、自分の名前と同じ初音湯さんを見つけて入ったんです」

銭湯業界への第一歩を踏み出した記念すべき日に、自分と同じ名の銭湯で湯に浸かる。まるで青春ドラマだ。

翌年4月、ゆとなみ社に入社。その並々ならぬ情熱によって、翌2024年10月には早くも店長を任された。まさに彗星のごとく現れた銭湯界の逸材、と呼ぶにふさわしい。

風呂屋がカッコイイ

その初音さん思い出の初音湯に同伴した。京都らしいコンパクト設計、磨き上げられた館内、御所と同じ水脈のピッチピチ地下水、そして誰かが入ると溢れてザアーっと床を流れるほど満々と沸かされた湯。誰にも安心して紹介できる珠玉の一湯だ。当然のことながら賑わっている。

「とにかくきれいですよねぇ……同業者から見ても愛を感じます。タイルの色味の統一感も、狭い空間を広く感じ

❶リンゴのように膨らむ給湯装置は京都でよく見られるが、壁のイルカのタイル絵はよそでは見られない
❷サウナから脱衣場方面が見える
❸❹「この照明、ステンドグラス風でかわいいですよね！」

させるし、照明が全部かわいい。なにより、サイズ感がちょうどいいですね。一番好きなサイズ。これより広いと掃除が大変ですし」

なにかうっとりとした表情である。

ピカピカとはいえ、初音湯には大正10年からの歴史がある。現在は店主・西出建一さんと妻の有香さんが切り盛りする。

「戦前に石川から出てきた祖父は、京都で結婚し、烏丸七条で土産物やお菓子を売る店を経営してとても繁盛したそうです。石川での疎開を経て終戦の年の秋に京都へ戻る際、たまたま空いてた初音湯を借りて銭湯経営を始め、その後買い取りました」

初音湯という屋号は、この一帯が初音中学校の学区（初音学区）だったことによる。建一さんも初音中学出身だ（現在は統廃合で消滅）。

古い建物だけに、1983年の全面改装は、2階をクレーンで吊り上げて

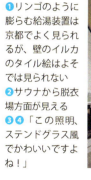

左から、西出有香さん、西出建一さん、中野初音さん

土台と1階部分を鉄筋で作り直す大工事だった。その時は2代目（建一さんの両親）があちこちの銭湯を回ってレイアウトや内装を考えた。浴室のイルカのタイル絵は、「父は従来よりスタイリッシュな銭湯をと考えたようで、銭湯＝富士山とは違うものにしたかったのかなと」。

建一さんは信金で働いていたが、2022年に52歳で退職し、3代目として初音湯を継いだ。

「父は視力が弱かったため、これしかできん、と命をかけて風呂屋をやってきました。そんな父母が80歳を超えて入退院を繰り返すようになり、継ぐなら今しかない、と」

妻の有香さんは、結婚時は「銭湯は継がなくていい」と言われており、風呂を手伝ったことはほとんどなかったという。

「やってみると長時間だし、子どもたちと生活時間が合わないなどの問題がありました。でも人と話すのは楽しいです。〝京都でいちばんきれい〟とほめてもらえたり。寝る間を惜しんでやってきた先代のおかげ。尊敬しています。建一さんも補修などを夜通しやって、〝おはよう〟のあと寝る感じ。お客さんは〝（夫婦が顔を合わすのは）それぐらいがええで〟と言いますが（笑）」。

お二人の話を初音さんはじっと聞いていた。

湯上がりに行った店でビールを傾けながら、彼女はこう言った。

「私は風呂屋がカッコイイと思うので、サウナより、あくまで公衆浴場として泥臭くやりたい。空気や水がおいしくて、街が小さくて人との距離が近い松本が好き。だから近い将来、松本の銭湯を継ぎたいと思っています」

今からその日が待ち遠しい、と思う松本（おっさんのほう）であった。

かいわい
ぶらぶらマップ
とり安
かしわ屋直営の渋い食事処。昼は行列、夜は呑めるが、鶏が完売のことも
タルカ 1
多様なカレーを楽しめる南インドの「ミールス」を主体とする人気店
セブンアンドセブンバー
落ち着いた店内で高齢マスターが提供する、味わい深い時間
烏丸通
地下鉄烏丸線
高倉通
押小路通
初音湯
品川亭
コロッケなどフライものが人気の精肉店
海鮮処わたなべや
昼から夜まで通し営業、海鮮もので呑める便利な店
地下鉄東西線
御池通
烏丸御池
(地下駅)
京都国際マンガミュージアム
もと小学校をリノベして世界の漫画を大量に展示
酒亭 笹蔵
狭い路地奥の渋い居酒屋。メニューに値段はないが大将の気遣いよく丁寧な料理うまし

「海鮮処わたなべや」にて、明るいうちから湯あがりの一杯を楽しむ初音さん

※本誌カバーの女神像は初音湯の女湯のもの。男湯の女神より色白

初音湯
京都市中京区左京町 143
☎ 075-231-2648　P無
15:00 〜 0:00
休：土曜日と毎月最終金曜日
㊮㋚㊌㊍㋛

三条

トロン温泉 稲荷

TORON-ONSEN
INARI

北海道で出会った
トロンで一本勝負

三条商店街のオアシス

　京都の商店街といえば寺町京極・新京極や錦市場が有名だが、修学旅行生とインバウンドのテーマパークと化したそれらに辟易してるという貴兄には、「京都三条会」商店街をご提案したい。それは三条通の堀川から千本まで続く若干ヒナビ系のアーケード街だ。

　平安京のメインストリートたる朱雀大路は現在の千本通だが、平安中期になると平安京は中央より西側が寂れてしまい、天皇の住まいも東に移動。現在の中心繁華街といえる四条河原町など平安京の碁盤の外だ。

　それに対してこちらの三条商店街は歩く人の数もぐっと少なく、そのぶん庶民の生活感および哀愁がそこはかとなく漂う渋い商店街となっている。

　その中ほどをちょっと下ったところに、変わった屋号の銭湯がある。「トロン温泉」……何だろう?

　表の看板の説明書きを欧米人カップルが読んでいる。二人はいったんそのまま立ち去りかけたが、5メートルほど歩いてUターンし、揃って暖簾をくぐっていった。興味ひかれるよね!

　浴室に入ると、見慣れた京都の銭湯とは異なる風景が出現する。京都の銭湯というと狭い空間に各種浴槽を細分化して配置したレイアウトが一般的だが、ここは大きな湯船がドーン!5本のジェットと底からの気泡が噴出し、お湯はこれ1本勝負。あとは奥にサウナと水風呂があるのみだ。

運命の出会い

「トロン温泉 稲荷」の前身、稲荷湯は１９１０(明治43)年創業の女系継承銭湯である。店主はおかみの桐井道子さんで、夫の勇男《いさお》さんは別の仕事をして銭湯にはノータッチだった。その勇男さんが「トロン温泉を導入しよう」と言い出した。１９９２年、当時52歳のときである。それまではよくあるタイプの銭湯で、そろそろ改装時期を迎えていたが、銭湯業全般に翳りが見えてきた頃でもあった。

　そのとき勇男さんは北海道へ向かう船の中にいた。

「おもに北海道に京都の繊維を卸す商売を長くやってました。毎月舞鶴から

フェリーに車を載せて北海道へ行き、17日間の出張生活です。広い北海道を長時間運転するので、全身が凝って疲れるんですわ。船でよく一緒になる同業者にそう話したら、『旭川なら第一ホテルに泊まってみ、大浴場がええから』と薦められて宿泊したんです。すると確かに疲れのとれ方が全然違う。凝りが完全に取れる」

その旭川第一ホテルが導入していたのがトロン温泉だった。ホテルに聞いてみたところ、このトロン温泉は「日本トロン開発協会」という会社製で、当時全国にあった大規模保養施設「かんぽの宿」のうち温泉のない施設でおもに導入されていた。天然鉱石を砂状に砕いたトロン浴素のパックを浴槽の内壁に仕込むもので、「腰痛・神経痛など合計10種類の効能効果が認められて」いる医薬部外品の人工温泉であるという。高額であるうえ定期的に交換する必要もあるため、銭湯でこれを導入している施設は皆無だった。

勇男さんはこれを稲荷湯に導入することを思いつき、翌年に3ヵ月休業して改装工事を実施。トロン浴素のパックを男女湯それぞれに300個ずつ仕込んで、「トロン温泉 稲荷」として再オープンした。浴槽を一つにまとめたのは、その会社の指導による。

トロン温泉の導入は話題になり、遠くから通う熱烈なファンもついた。

勇男さんはその後も北海道をまわり、70歳で引退してからは夫婦で銭湯を切り盛り。7年前から娘さんがスタッフに加わり、現在は風呂掃除を勇男さんと娘さんでこなす。

「父も母も高齢ですけど、一生懸命やってきたのを見てるから、できるところまではやりたいです」

娘さんはそう話す。

ともあれ日本唯一のトロン温泉の銭湯、その効力をぜひ実際に入浴して確かめよう。

❶湯中の金属板の中にトロンが仕込まれている　❷水風呂には強烈なうたせ水が落下する

かいわい
ぶらぶらマップ
天ぷら居酒屋なにわや
天ぷら大橋屋の裏で息子さんが開く小さな居酒屋。天ぷら以外も豊富
ベルギービールまどべ
珍しいビールが揃う、アットホームで小さなビアパブ
かふー
沖縄そばやチャンプルーなど気軽な沖縄料理を中心とした店
あみたつ
店先に新鮮な魚介類がズラリと並ぶ魚屋さん直営の居酒屋
大宮通
西友
ファミマ
京都三条会商店街
千本三条・朱雀立命館前（バス）
三条大宮公園
トロン温泉稲荷
千本通
後院通
六角通
京都三条会商店街
観光地となった寺町京極や錦市場に比べて庶民的なアーケード街
武信稲荷神社
市街地に埋もれるようにポツンとある、坂本龍馬の逸話が残る神社
串7（クシセブン）
昼から呑めて串も充実の立ち飲み屋。飲み物の種類も多い

トロン温泉 稲荷
京都市中京区今新在家西町 4
☎ 075-841-6653　P 有
平日 16:00 ～ 23:00
土 15:30 ～ 23:00
日 9:30 ～ 23:00
休：金曜日
㋫㋚㊌㋨

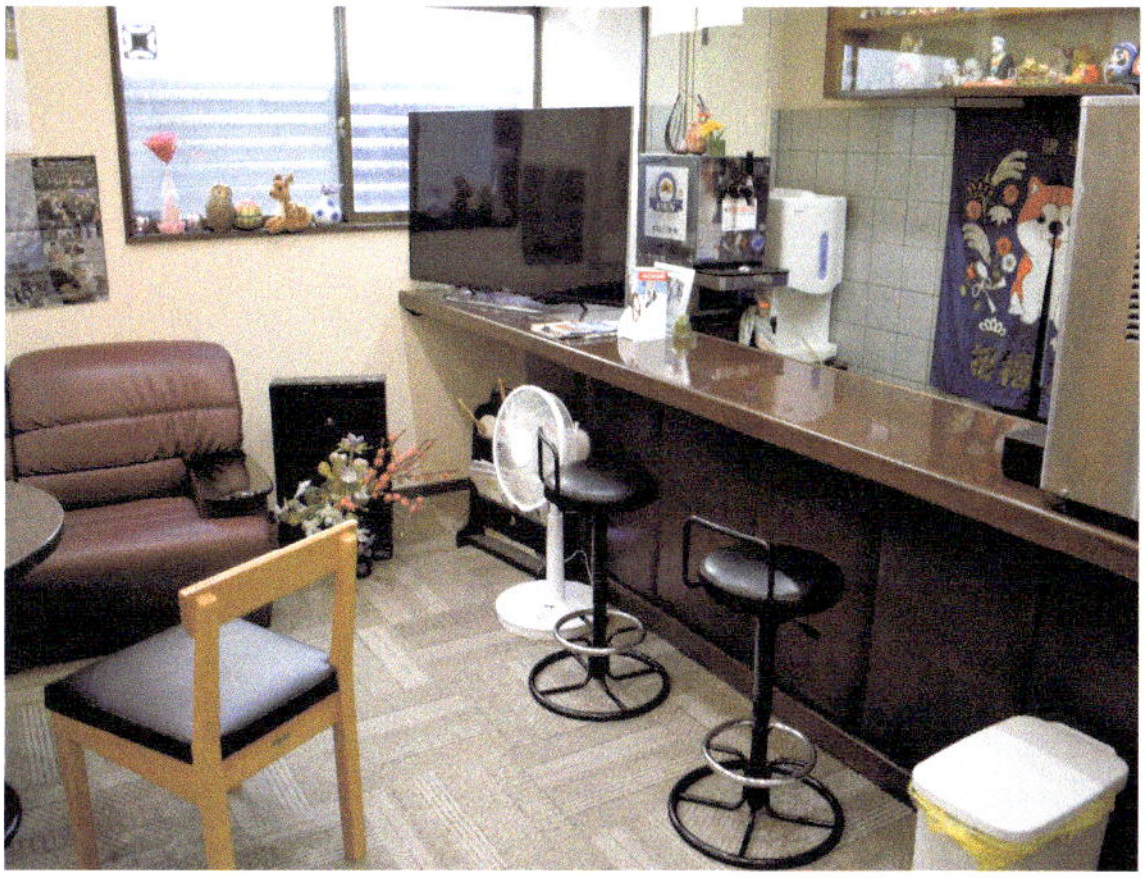

トロン導入時に設置したロビーカウンター、生ビールやトロン水が飲める

市役所前

京都 玉の湯

KYOTO TAMANOYU

京都市役所のすぐ近く

広々とした御池通に面してドーンと鎮座するネオ・バロック様式の巨大な建物、京都市役所。日が暮れると中央塔に灯りがともり、大きなシルエットが威厳を漂わせる。

その市役所の裏手、押小路通の並びで黄色い壁に暖簾を揺らしているのが京都 玉の湯だ。

創業は１８９４（明治27）年とのこと。ということは131年前！

現在の建物は１９３０（昭和５）年に石川県から出てきた人物（現在の店主の祖父）が買い取って建て直したもので、市役所のネオ・バロック（東館１９２７年、西館１９３１年）とほぼ同時期だ。

横から眺めると、その木造部分の濃い色合いから、建物の並々ならぬ年季がうかがえる。しかし正面はツヤツヤとしたタイルに覆われ、古さはほとん

130年を超える美の追究

❶玉の字のタイル、❷ロビーの猫の水吐、ともに晴美さんの作品

ど感じられない。冬の夜には「タマナリエ」と呼ばれるイルミネーションがピカピカと輝き、暖簾をくぐるとロビーに熱帯魚の泳ぐ水槽が宝石のような美しさ。脱衣場も浴室も光が響き合うかのように清潔で、なんと気持ちがいいんでしょう。サウナは3人ほどのサイズだが、小さな音でジャズが流れ、高温でばしっとキマる。玄関から浴室までのすべてが銭湯かくあるべし的な生真面目さをもって整えられており、非の打ち所が見当たらない。

　のみならず、浴槽のタイルや水風呂の水吐きなどに見たことのないオリジナルな陶芸作品が使われていて、なんだかワクワク、ロビーにも何やらかわいらしい猫の顔が……。

本物の清水焼

　浴室やロビーに飾られている作品は、現在の3代目店主である西出英男さんの妻、晴美さんの手によるものだ。

晴美さんは美術系短大を出たのち陶工専門校で職人技術を学び、日展作家に弟子入り1年、茶道具職人5年を経て清水焼の会社に就職したプロ陶芸家だ。結婚した当時、英男さんは銭湯にはノータッチで、継ぐ気はなかったという。が、母親の入院をきっかけに会社勤めの傍ら銭湯業を手伝うようになり、やがて玉の湯専業となった。

晴美さんも陶芸の仕事を続けながら番台を手伝うようになったが、3人目の子どもが生まれた時点で二足のわらじが厳しくなり会社を退職。それでも合間を縫っては、左京区にあった自分の工房で少しずつ作品を作っていた。が、2021年に2代目が亡くなってからは銭湯の経理業務も担うようになり、作品づくりはさらに困難になった。

浴室やロビーを飾る作品たちは、そんな合間を縫って作られたものだ。

『玉』の字が入ったタイルは、清水焼つながりの多治見の業者から生地をもらい、絵付けをして釉薬を塗って焼きました。水風呂の羊の水吐きは、もともとあったのが割れてしまって、探したけど売ってない、どないしょと言ってたら友人が『作ったら?』と」

近々、再スタート

玉の湯の建物は老朽化が限界に達しているため、近いうちの改築を予定していると英男さんは言う。晴美さんは、それならぜひ自分の工房を玉の湯内に確保したいと考えているようだ。そしたらきっと銭湯仕事の合間に新たな作品が生み出され、新しい玉の湯をその作品たちが彩ることになるのではないか。もしかしたら晴美さんの焼き物グッズをおみやげに買って帰れたりもするかもしれない。

創業130年を超えた玉の湯が世界唯一の清水焼銭湯として再オープン。そんな日も近い……かもしれない!

❶ロビーの美水槽。店主の前職が水槽メンテ会社と聞いて納得　❷男湯水風呂の水吐き羊。晴美さんの作品

かいわい
ぶらぶらマップ
寺町通
村上開新堂
昔ながらの気品ある洋菓子店。クッキーなど焼菓子がおいしい
御幸町通
(←69頁地図に続く)
草庵《いおり》
丁寧に作られる京都のおばんざいで飲める年季の入った名店
二条通
出石《いずし》庵
兵庫県出石名物、コシのある手打ちの皿そばが食べられる
押小路通
酒場たいげん
昼からグループで飲めるビル地下の居酒屋
京都 玉の湯
京都市役所
河原町通
ホテルオークラ京都
京都市役所前（地下駅）
御池通
地下鉄東西線

玉の湯

京都 玉の湯
京都市中京区亀屋町 401
☎ 075-231-2985　P 無
平日 15:00 ～ 0:00
土曜 14:00 ～ 1:00
休：日曜日
フサ水電シ

❸タマナリエ　❹小さいけど強力なサウナ

堀川五条

五香湯

GOKOUYU

京の五条のど真ん中

京都の〝中心〟を考える。御池通は行政の中心、四条通は商業の中心。では道路交通の中心といえば、国道1号と9号が交わる堀川五条だろう。

その大きな交差点のほど近くに大きな銭湯がある。狭い京都でこの規模の銭湯はまれであり、「堀川五条、五香湯」という組み合わせの骨太感にはなにかしびれるものがある。

五香湯の浴室は、真ん中に主浴槽が田の字型配置、薬湯がダブル、2階に上がると広々サウナが低温と高温のダブル、デカイ水風呂、さらにバドガシュタインなるラジウム鉱石を使った露天風呂、おまけに岩盤浴（別料金）までを備え、脱衣場のマッサージ器も上等。仕上げにロビーでビール飲んで飯も食っときますか……と、短時間ではとても堪能しきれない。全部回ると骨抜きにされ、涙目で「京都銭湯界のオオ

サウナもW、薬湯もW 骨抜きになる迫力風呂

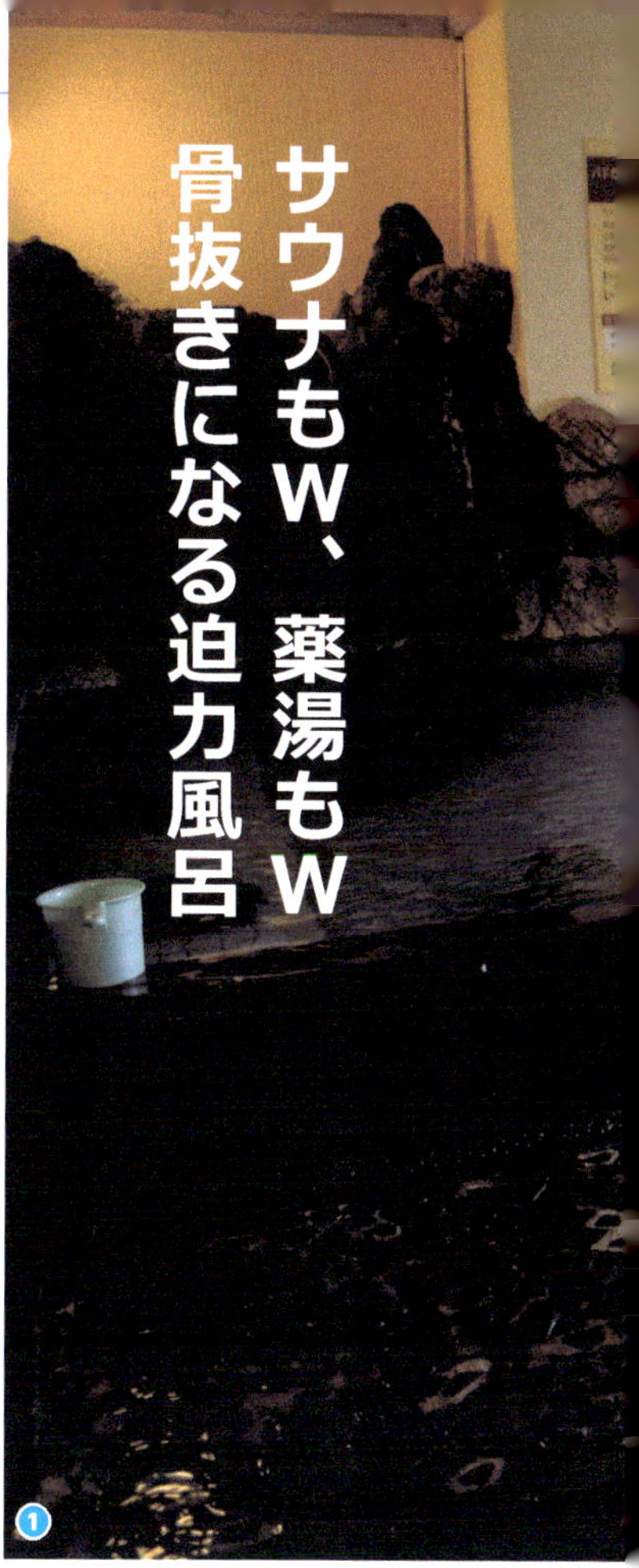

❶バドガシュタイン鉱石を使った露天風呂　❷１階浴室の太い柱にはかわいい陶板レリーフが　❸低温と高温のダブルサウナ

タニサーーン！」と叫ぶハメになる。

いったいどのようなことで、かくも立派な銭湯が誕生したのだろうか。

創業者の祖父のひと声

「石川から出てきた祖父が1934（昭和9）年に建てたのがはじまりです」

そう語るのは3代目の松林浩史さん。創業当時は1階が銭湯、2階が住居の一般的な建物で、「普通よりやや広め程度」だったそうだ。

「でも祖父は、私の父が大学を出るとすぐに銭湯を任せ、自分は掃除をするくらいで、自治会や老人会などの地域活動に精を出していました」

やがて創業から50年以上が経過し、銭湯も一時期の勢いを失いつつある中での大型化は、その祖父の「やれ」との強い意志を受けた父の決断だった。

時代の境目を越えて

浩史さんは言う。

「ネット情報のなかった時代に、どうやってこんなふうにできたのかと思います。父は大阪の五色湯（「夢の公衆浴場」を謳う大型銭湯）などを見に行って参考にしたり、スーパー銭湯の設備を〝これえな〟と取り入れたり」

もう一つ、五香湯には「香友会」という客同士のつながりがあった。彼らから、サウナへの希望や、湯上がりに一杯、といった声が集まった。バドガシュタイン鉱石も、たまたま客の中にこれを扱う人がいたのだそうだ。

そして現在の大きな五香湯が再オープンしたのは1988（昭和63）年の大晦日だった。「やれ」と言った祖父は工事中に亡くなり、完成を見ることはなかった。

奇しくもオープン翌日から始まった昭和64年は昭和天皇の崩御によって1週間で終わり、平成が始まった。まさしく時代の変わり目に新しく生まれ変わった大きな五香湯は、今なお京都のど真ん中で「銭湯ここにあり！」と存在感を示し続けているのである。

かいわい
ぶらぶらマップ
まるき製パン所
細長いコッペパンにいろんな具を挟んだものがメインの手作りパン
松　原　通
喫茶アオキ
隠れ家的な立地の渋い店。中は奥深くレトロムードで落ち着ける
心《こころ》キンパ
７種類のカラフルなキンパがおいしい。イートイン４名ほど可
大
宮
通
堀
川
通
柏　徳《かしわとく》
麺類・丼物を中心に素早く提供され、安くてうまい人気店
生そば
五香湯
大宮五条
(バス)
五　条　通
魚魚丸《ぎょぎょまる》
海鮮ものを中心にリーズナブルに飲み食いできる小さな居酒屋

五香湯
京都市下京区柿本町 590-12
☎ 075-812-1126　P有
火〜土 14:30-0:30
日 7:00-24:00、祝 11:00-24:00
休：月曜日、第３火曜日
㋫㋚㊌㊋㊕㊡㋛（岩盤浴別料金）

ロビーの軽食コーナー、生ビール＆メニューいろいろ

京都西陣、小さな風呂屋の１０８年

長者湯

1917 年，長者湯創業時の外観

コンパクトな美銭湯

京都西陣の一角に小さな児童公園がある。古びたブランコと公衆便所があるだけの殺風景な公園だが、入口横に「一条院跡」という看板が立っている。

ここは平安時代に一条天皇が里内裏《さとだいり》として住んだ場所で、紫式部が日記に書いている「内裏」はここを指す。つまり当時は華やかな宮廷文化サロンだった。

天皇が源氏物語を読んだ場所も、千年経てば様変わりする。が、100年ほど前のものならば普通に現役で稼働しているのもまた京都である。

一条院跡から数分の場所に煙突を高々とそびえさせる長者湯は1917（大正6）年創業。平安京では大内裏の左近衛府《さこんえふ》（宮中の警固などに当たった役所）のあった場所だが、ここ100年ちょっとは庶民の憩いの場として、夕方になるとタオルとせっけんを持った善男善女が集うホットスポットとなっている。

私がはじめて長者湯を訪れたのは20年ほど前のこと。2008年に拙著で取材させていただいてからは、さまざまな企画やイベントでお世話になってきた。

私が長者湯に引き寄せられ続けてきたのは、この銭湯のいかにも京都らしい風情——町家造りに唐破風玄関、コイの泳ぐ庭、格天井《ごうてんじょう》、柳行李《やなぎごうり》、タイル絵、欄間、地下水薪沸かし、狭い面積にピッチリ詰まった機能的な浴室など——に加え、同湯の店主・間嶋正明さんの爽やかな笑顔、温かい人柄の魅力による。長者湯に行くたびに、「心地よい銭湯とは何か」についてなにかしらを教えてもらえたような満足が得られるのである。

この日も、玄関や脱衣場にあふれる風情もさることながら、ピカピカに磨かれた小さな浴室の快適さ、名物の酵素風

❶脱衣場のタイル絵。男湯には雪の金閣寺、女湯には清水寺の舞台が描かれている　❷コリヤナギの枝を使った柳行李。これを作る職人がほとんどいないため大切に使われている　❸コンパクトな長者湯の浴室　❹名物の酵素風呂（以前は石川県・白山の湯の花が使われていたが、現在は酵素配合入浴剤「香華湯」が使われている）　❺ガラス張りの脱衣箱に収納された柳行李。使い込まれた道具類の美しさを感じる

創業時の浴室と初代・上出久一さん

呂のなめらかさ、水風呂につかりながら脱衣場の向こうの庭の灯籠や向かいの民家の屋根までが見える透明感など、コンパクトなスペースにギュッと「京都」を詰め合わせたような小宇宙を裸でしみじみと味わった。

長者湯の100年

同湯が創業100年を超えたとき、私は「長者湯100年祭をやりましょう」と間嶋さんに持ちかけ、展示や飲食も兼ねた半日イベントを企画させてもらった。その時にお借りした昔の長者湯の写真には、同湯の歴史が凝縮されている。

初代は上出久一《きゅういち》さんという人。現在地からほど近い東堀川一条で別の銭湯を経営していたが、そこを売却し、より広い長者湯を購入したのが1917年。82頁の写真はその創業記念に撮られたもの。低い塀とフェンス、門柱などモダンな造りとなっている。「人参実母散薬湯」の看板が掲げられ、のれんには「温泉」と大書き。薬湯が名物だったようだ。

上の写真はその浴室で座る和装の初代。木の湯船、切り石の床、派手なタイルに囲まれ、「どうだ」と言わんばかりに堂々とした姿が印象的だ。

その後、建物は1936（昭和11）年に改築されて現在に至るが、その7年後の写真（左頁）には、現在の唐破風が存在しない。後付けされたと思われるが記録は残っていない。

二代目・上出好一さんの入営記念に長者湯玄関前で。1943（昭和18）年11月1日

サウナより風情をとった改装

その後、二代目の好一《よしかず》さんの娘・好美さんがスキー場で出会った兵庫県出身の間嶋正明さんと結婚。勤め人だった間嶋さんは会社を辞めて長者湯に専念することとなった。

１９９４年の改装時は、ちょうど平安建都１２００年の年ということもあって、男湯脱衣場に金閣寺、女湯脱衣場に清水寺のタイル絵を設置した。浴室の改装では、当時、京都の各銭湯は競うように乾式サウナを導入しており、間嶋さんもサウナの設置を提案した。が、好一さんは「うちは狭いし、サウナはよそがみんなやってるから、サウナ好きの人にはそっちへ行ってもろたらええ」と言って、設置しなかった。

この改装では長者湯は浴場設備への投資を抑え、そのぶん京都らしい風情を演出することに注力したといえるだろう。

それもあってか、２００２年には京都市歴史的意匠建造物に指定。２００７年には宮藤官九郎の脚本で話題になった映画『舞妓Haaaan!!!』のロケ地になり、主人公（阿部サダヲ）が金閣寺のタイル絵をバックに「きょうと〜大原三千院〜♪」と歌う場面や、ヒロイン（柴咲コウ）の入浴シーンも撮影された。

２００６年に間嶋さんが三代目を襲名。私が知っているのはそれ以降の長者湯だ。行くたびにいつも変わらず気持ちの

よい入浴を楽しめたが、ここ数年は、いつも明るい笑顔の間嶋さんが、「最近じわじわと客が減ってきた」と珍しく弱音を吐くことがあった。

思えば間嶋さんも60代後半、スポーツ刈りの頭もじょじょに白くなり、いつしか眼鏡をかけるようになった。

ついにサウナを設置

しかし昨年、長者湯は新たなスタートを切ることになった。ついにサウナが設置されたのだ。同時に、小さな水風呂は2倍に拡張された。

それに先立つ2019年、間嶋家ではちょっとした事件があった。会社勤めをしていた間嶋さんの息子・健太さん（通称マジケン）がいきなり、「あと2年でやめると会社に言うた。風呂を継ぐわ」と言い出したのだ。

間嶋さんは息子がそんなことを考えているとは思いもよらず、銭湯を継ぐかどうかというような話をしたこともなかったので、「びっくりした」。

多くの銭湯に共通するが、改装して10年20年と経つと、じわじわと客が減ってくる。しかし銭湯の改装には数千万円の費用がかかるのが一般的で、その償却には数十年かかる。したがって、その時点で後継ぎがいる場合は再び改装に踏み切ることも可能だが、後継ぎがいない場合はそのまま設備か従

❶湯は薪（廃材）で沸かされている
❷長者湯３代目の間嶋正明さん
❸新設されたサウナ内部。最大３人
❹２倍に拡張された地下水かけ流しの水風呂

事者のどちらかがギブアップするまで続けた後に廃業、となることが多い。

マジケンさんの決断を受けて、２０２３年、間嶋さんは「今度こそ念願のサウナを付ける時が来た」と決断。同時に水風呂の拡張も決めた。８月から工事で２カ月半休業し、やがて迎えた10月25日の再開日。そのオープンに集まった昔からのなじみ客に向かって間嶋さんは挨拶し、このように語った。

「本日から息子・間嶋健太に経営を任せ、四代目として、皆さまの温かい応援をよろしくお願いいたします」

私はその場におらず後になって聞いただけだが、それまでの１０７年間の変遷に多少なりとも触れてきたせいか、なんだか胸が熱くなった。

息子の選択

狭い浴室の隅に設置したサウナは定員3名。長者湯らしいミニサイズだ。しかし、さすがはサウナブームである。改装後、この小さいながらも快適なサウナは大人気となり、見違えるように客が増えた。

――間嶋さん、めっちゃ混んでますね！

「そやねん。それが、うちが再オープンした月とその翌月、両隣の風呂屋が続けて廃業しはって、そのお客さんの一部もうちに来てくれるようになりましてん。こんなこと言うたらアレやけども、結果的にほんま絶妙なタイミングのオープンでしたんやわ〜」

間嶋さんはうれしそうで、私もうれしくなった。

「そやけどこの地区、(京都府公衆浴場組合の)上京西支部って言うんやけど、以前は40軒あった銭湯が6軒になってしまいましてん」

この数字が、銭湯が直面する厳しい現実だろう。それでも100歳を超えた長者湯がさらに進化し、息を吹き返したのは、ひとえに息子マジケンさんの決断のおかげだ。42歳のマジケンさんには小3〜中2の3人の子どもがおり、勤務する会社では所長の地位にあった。それがなぜ、親も期待していなかったにもかかわらず、今、家業を継いだのか。

――お父さんは全然知らんかったと言ってましたが。

「僕としては、いつかは継ぐつもりでいました」

――でも42歳といえば会社でバリバリ働き盛りでしょう?

「たしかに、所長になって収入も上がってました。でも仕事がハードで、しんどくなってきたんです」

やめられたら困る会社側は、契約社員として残らないかと提案。マジケンさんは家業を継いだ今でも前職の仕事を在宅リモートでこなしている。

「朝8時に起きて2時間リモート仕事、それから脱衣場の掃除、風呂営業、夜の閉店後に浴室掃除、2時就寝です。リモート仕事は風呂の定休日もせなあかんので休みなしですね」

――それ、前の仕事よりしんどくなってません?

「しんどいですけれども、それでも今のほうがマシかな。家におれるし収入も増えました。ヨメと近所にランチに行けるのも楽しみで」

会社人間としてバリバリ働き続けるよりも、家族といられる時間が大事。この発想と選択も、もしかしたら風呂屋という家業の中で育ったマジケンさんには自然と身についていたのかもしれない。

銭湯は設備にお金がかかる装置産業である半面、運営面では店主やスタッフの人柄が集客に影響する属人性の強さが特徴でもある。客として銭湯を訪れたときの「心地よさ」はその両方によってもたらされるが、それを毎日、家族だけで、何世代にもわたって維持してゆくのは並大抵ではない。それには、「変えないこと」と「変えてゆくこと」を話し合い、共有できる家族関係が不可欠だ。

小さな敷地で108年を超え、今後も家業としてこの地に続いていくであろう長者湯とその物語は、千年の都・京都の未来にとってかけがえのない財産になっていくように感じた。

(朝日新聞デジタル「ニッポン銭湯風土記」2024.11.21に一部加筆)

かいわい
ぶらぶらマップ
一条通
中立売通
上長者町通
下長者町通
智恵光院通
松屋町通
大宮通
堀川通
大宮中立売
(バス)
堀川下長者町
(バス)
長者湯
次平
比較的静かに飲めるリーズナブルな渋い居酒屋。座敷もあり
一条戻橋
陰陽師・安倍晴明がこの橋の下に式神(手下の鬼)を隠していたといわれる
一条院跡
一条天皇の里内裏《さとだいり》跡。紫式部日記に出てくる「内裏」はここのこと
たま茶
ハーブティー専門店。15種の定番ブレンドほか季節限定もの、試飲可
アカネ BAKERY
ハード系、ソフト系がさまざま揃う人気ブーランジェリー
鳥岩
かしわ店が火水金土の夜だけ立ち飲み店に。鶏中心にメニュー多く安価

地下水をくみ上げる井戸。水位は季節によって変動する。この時は冬季でかなり減っている時期だった

長者湯
京都市上京区須浜東町 450
☎ 075-441-1223　P 有
15:10 ～ 0:00
休：火曜日
フサ水シ薬

コラム

京都の公共交通

京都といえば平安京、だから通りは碁盤の目。他の大都市に比べると単純明快だ。

ただし平安時代から1200年以上も経つうちに、街の位置取りは少しずつ歪んできているから、旅人としてはまずその感覚をつかんでおきたい。

碁盤に走る通りのうち、東大路、西大路、北大路、九条通、に囲まれた四角形は、かつての平安京がそのまま少し東へずれて北へ伸びたような格好になっている。今平安京、といえなくもないだろう。

鉄道

その四角形に、JR・阪急・京阪・近鉄の鉄道が外から侵入し、そこへタテヨコ2本の市営地下鉄がつながる。市内完結の嵐電《らんでん》と叡電《えいでん》もある。

目的地がそれら鉄道の駅から無理なく歩ける場所ならば、鉄道利用がスピーディーだ。

ただし地下鉄の路線が少ないため、鉄道だけで複数の目的地を巡るのは、よほど歩くのが好きな人でないと難しい。よって実質的にはほぼ路線バス頼みとなる。

路線バス

バス路線はどこの街でもややこしい。碁盤の目の京都でも、バスは1本の道をまっすぐ走るわけではない。

そこでまず、目的地が先の四角形の中か外か。中なら循環系統（200番台）の市バスが、おおむね先の四角形の外周および内部の主要な通りをぐるぐると回っているので便利だ。

四角形の外でも、主要ターミナルからは1本のバスで行けるところが多い。

ただし、二条城や清水寺・金閣寺・銀閣寺などの観光地へ行くバスは、土日ともなるとすさまじく混雑するので覚悟が必要だ。しかしそれらを通るバスでも比較的混まない路線というものも存在する。混まないバス路線選びを楽しめるようになると京都の旅の名人といえる。

乗り換え

京都では交差点の場所を表わすのに、主要な通りと通りの名前をつなげて言うことが多い（四条通と河原町通の交差点は「四条河原町」、という具合）。バス停の名前もそのパターンが多いので、わかりやすい。

ところが中には例外もある。四条通と東大路通（東山通ともいう）の交差点が「祇園」だったり、今出川通と東大路通の交差点が「百万遍」だったり（なんやそれ?）。

もっとややこしいのは、たとえば本書に出てくる場所（102頁）でいうと、「西大路四条」交差点に同名のバス停があるのはよいが、その地下に阪急電車の「西院《さいいん》」駅があり、そのすぐそばに嵐電の「西院《さい》」駅がある。漢字は同じで読み方が違う（由来は諸説あり）。つまりほぼ同じ場所にあるバス停と二つの駅の名前が全部違う。やめれ。

そのややこしさを解決しようとしないのが京都人、ということになる。

四、千本通より西のほう

丸太町御前

松葉湯

MATSUBA YU

インコ風呂にほとばしる愛

それプラスのインコ

通称「インコ風呂」。有名である。暖簾をくぐると、フロントでボウシインコのオーちゃん（推定40歳）が何かワーワー言っている。「おはよう」と挨拶してくれているようだ。

３段式の白い噴水に迎えられる浴室は、広くて各種設備が充実。サウナも広いしスノコも白い。男女の仕切り壁にポトスが蔓を垂らして葉を繁らせ、奥壁にはタイル絵のマッターホルンが聳え立つ。露天風呂の岩組みにはツタが垂れて山の温泉にいるようだ。浴場

セキセイインコ（写真は松葉湯提供）

❶フロントにいるボウシインコのオーちゃん、40 歳くらい
❷広々したサウナはテレビを見ながら入れる

設備のみならず手間暇かけた独自の工夫が随所に凝らされ、湯は地下水の薪沸かし。ハイレベル銭湯である。

それプラスの、インコ。

浴室と露天風呂の間にガラス張りの中庭があり、そこに数十羽のセキセイインコなどが群れている。カラフルな小鳥たちがパタパタ、チュンチュン。この中で繁殖し、増減しているらしい。

鳥小屋の下には池があり、1メートルくらいありそうなケヅメリクガメのカメ太郎くん（推定50歳）がいる。

もはやランド。松葉湯ランドである。

これだけの世界を作り、動植物を毎日世話し、浴場の清潔を保つのは並大抵ではない。損得勘定では無理。この原動力は愛しかない。愛ってすごい！

愛の具現者

愛の人は、明治から120年以上続く松葉湯の3代目、松井宗六《そうろく》さん（72歳）。初代はこの地の人で、焼き芋売りで金を貯めて銭湯を始めたという。

宗六さんは18歳で銭湯業に入り、30歳のときに父が亡くなって後継。その時に燃料を石油から薪に変えた。

鳥小屋を作ったのは32歳のときだ。さらに40代前半にマッターホルンの壁画を付けた。この風景は新婚旅行の思い出だという。つまり入浴客は全員、宗六さんの新婚旅行に否応なく同伴することになる。宗六さんは、「掃除は手を抜いたらあかん」との父の言葉を守り続ける風呂職人であるのみならず、鳥や亀や植物の世話にも手を抜かない、すべてに愛を注ぎ続ける人である。

愛は惜しみなく……

そんな宗六さんの強い味方は、息子の宗理《そうり》さん（48歳）。某大企業に勤めていたが4年前に退職して松葉湯を継いだ。

――会社で働き盛りの年齢ですね。

「はい。でもいずれは継ごうと思ってたし、母親もしんどい言うてたし、会社の配置転換のタイミングでもあり、風呂を改装すると父が言うので決断しました。ところがやり始めたら、父は『やっぱりしばらくこのままいく』と」

む、息子を騙したのか宗六さん?

「いや〜掃除がだいぶラクになりましたわ。薪運びも息子の担当です。釜場が2階にあるから大変なんですわ」

いやあの、宗六さん……。

松井宗六さん（右）と宗理さん

「そんなことよりオカメインコが1羽逃げたまま行方不明で、1週間くらいはもう心配で心配で……でもセキセイインコが一時は減ってたのが最近は盛り返し中で、コザクラインコとボタンインコの間に卵が産まれまして……」

愛、それは……。

❶コザクラインコ　❷露天風呂は２槽ある

かいわい
ぶらぶらマップ
松葉湯
下立売通
CC'S
老夫婦が営む渋い喫茶店。ショーケースに並ぶホールケーキが名物
山まる
来日20年の元気なオモニが営む、現地の食堂を彷彿とさせる韓国料理店
七本松通
御前通
相合図子通
京都七味屋七味六兵衛
昔ながらの七味店。麻の実を省いて山椒をきかせた六味が名物
六味
京都市平安京創生館（京都アスニー）
平安京関連のジオラマなどが展示
丸太町御前通（バス）
丸太町通
へのへのもへじ
路地の町家をリノベした、昼呑みできるうどん居酒屋。写真はニラ玉うどん
中華ハウス天来
高齢店主が作る昔ながらのラーメン。写真は天津麺

松葉湯
京都市上京区西東町356
☎075-841-4696　P有
15:00～0:00
休：日曜日
㋫㋚㊌㊔㊜㋺㋛

❸夜には時計台が光る　❹仲の良いセキセイインコ（松葉湯提供）

西ノ京

花の湯

HANANOYU

やさしくふんわり
癒やしの湯

苦い経験

私は学生時代、自動車の運転免許を取るために二条駅の裏手にある教習所に通っていた。40年以上前の話である。

今はそんなことはないと思うが、当時の教習所には〝嫌なタイプの教官〟が何人かいた。そのため教習は楽しかったとは言いがたく、無事に免許を取れはしたが、このエリアは無意識のうちにスルーしてきた気がする。

しかし時が過ぎ、そこに銭湯がある限りどんな場所へも足を踏み入れるようになって、過去の些末な経験で苦手意識を持っていたエリアとも心地よく出会い直しができるようになった。銭湯めぐりで良かったことの一つだ。

さらにこの二条駅西側エリアの印象をグッと良いものにしてくれたのがここ、花の湯だ。

花の湯はなんだか、やさしさに包まれているのである。

籠を、手から手へ

京都の銭湯では、脱いだ服をまず長方形の籠に入れるのが一般的だ（9頁）。そのため脱衣場の一角には必ず籠が山積みになっている。

でも花の湯では暖簾をくぐって脱衣場に上がるや、明るいおかみの西森信子さんがササッと番台の影から現れて「はいどうぞ」と脱衣籠を手渡してくださる。いきなり、手から手へ愛のメッセージ。ハンド・トゥー・ハンド、ユーアンドミー、君がいて僕がいるのである。

風呂に入ると、どの湯船も京都にしてはさほど熱くなく、子どもでも安心して入れる温度。そしてなんだかふんわりとした肌ざわり。信子さんに聞くと、「鉄分の少ない自然の軟水」だそうで、普通なら10〜15年程度で交換が必要になるボイラーがなんと30年間もっているという。

奥の薬湯は岩風呂になっていて、岩の隙間から湯が吐き出されている。その吐き出し口の岩が頭を乗せるのにちょうど良い。後頭部を乗せると吐き

西森信子さん。京都有数の癒やし系おかみ

出される新鮮な湯が両肩に当たってジャボジャボと音を立てる。その姿勢のまま体を湯船に平たく伸ばし、湯を肩に浴びながら湯気にけぶる浴室全体を見渡していると、なんとも贅沢でやさしい心境が訪れる。

ゆっくりと過ぎゆく風呂屋の昼下がり。解脱とはこういうことであろうか。

かわいい絵

さらに花の湯で見逃せないのは、この銭湯を彩るかわいい絵画群だ。脱衣場に飾ってある絵や、ちょっとした注意書きに添えられているイラストが、どれもふわふわとかわいくて、花の湯のやさしさ増幅要素になっていることが感じられる。

「美術系の学校を出た次女が描いてくれるんです」

絵は毎月描き替えられる。これまでの作品をまとめたファイルを見せていただいたが、私みたいなトゲトゲの性格の人間であっても、少なくともここにいる間だけは菩薩となり慈母となる。そして自動車学校の教官の思い出もあれもこれも、すべてをゆるして湯の中に溶けてゆくのであった。

1954（昭和 29）年に先代が購入した銭湯を 1993 年に改装。排水口も真っ白に磨かれている

かいわい
ぶらぶらマップ
森林食堂
行列のできる人気カレー店。営業日はHPをチェック！
二条自動車
教　習　所
阪急オアシス
イートインコーナーもあって便利
花の湯
上 押 小 路 通
JR嵯峨野線
朱 雀 公 園
（グラウンド）
西ノ京
中学校
御前通
くっきんぐえくすぺりめんと番
京風ラーメン、カレー天津飯など、独自の工夫で唯一無二の味
二条駅
地下鉄東西線
二条駅
御 池 通
小笹
裏道にひっそりと暖簾を出すうどん店。安くてうまい。昼のセットがお得
BAKEHOUSE KENY'S
幅広い品揃えとリーズナブル価格で満足度の高い小さなブーランジェリー
BiVi
二条

花の湯
京都市中京区西ノ京内畑町 20
☎ 075-811-0887　P 無
15:30 ～ 23:00
休：火曜日と第 2・4 水曜日
㊄㋚㊌㋮㊫㊮㋛

12
Merry
Christmas

❶男湯の脱衣場に飾られていた 12 月の絵　❷天井のえびす飾り

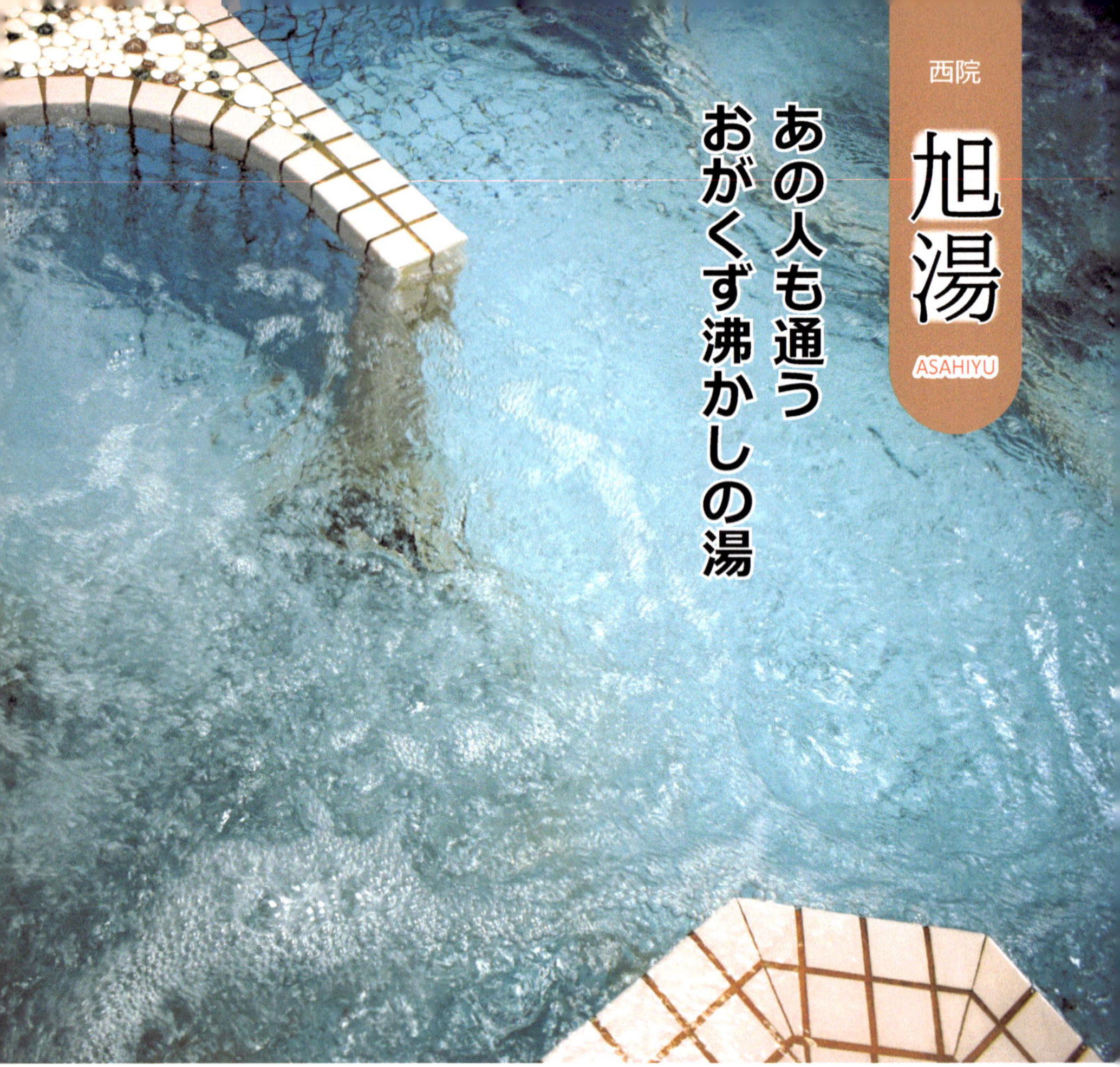

西院

旭湯

ASAHIYU

あの人も通う おがくず沸かしの湯

大通りに背を向けて

　大阪から走ってきた阪急電車が四条通の地下にもぐり込む西院《さいいん》エリア（92頁）には、徒歩圏内に数軒の銭湯がある。西大路通を北へ5分ほど歩くと、旭湯の煙突がすっくと立っている。同名の銭湯が京都にもう2軒あるため、こちらは「西院旭湯」と通称される。

　西大路通に面していながら、入口がない。一筋西の狭い路地に回り込んでやっと玄関が見つかる。大通りになぜお尻を向けてるの？と感じるが、これは西大路通よりも旭湯の歴史が長いことを物語る。旭湯の創業は１９２５（大正14）年、小さな銭湯ながら今年でちょうど１００年を迎える。10歳のときから番台に座る看板娘の林千枝野さんは今年で90歳、今なお現役だ。

　この西院旭湯に運命的な出会いがあったのは、２０１２年６月のことだった。

❶狭い路地にある旭湯の玄関。オリジナルのれんがゆらゆら揺れる　❷脱衣場に貼られた俳優たちのサイン色紙。みんな風呂に入りに来た

風呂道具を置いている

その日、旭湯3代目の林勝明《かつあき》さんが外へ出ると、テレビでよく見る人がリュックを背負って西大路通を歩いていた。俳優の寺島進さんである。太秦《うずまさ》での撮影に来ていた寺島さんは西院のホテルに泊まっており、隣のコインランドリーへ洗濯に行くところだった。勝明さんは追いかけてサインをもらい、冗談半分で「うちも隣でコインランドリーやってますので今度来てください、風呂も入れます」と言った。

「ほな、後日ほんまに来てくれはって、風呂も入って帰られたんですわ。それ以来、太秦に来るたびにウチに来てくれて、もうすっかり常連です。ホラ、風呂道具のセットも置いてます」

そのうち寺島さんは、いろんな俳優仲間を連れてくるようになった。寺島さんに聞いた、と言って一人で来る人

もおり、脱衣場にはそれら俳優たちのサイン色紙がたくさん並んでいる。

やがて寺島さんは、「遠くへ行きたい」や「旅サラダ」などで旭湯を紹介してくれるようになった。ある年の正月特番では寺島さんが旭湯に1日密着し、薪切りから終了後の風呂掃除まで実際にやったこともあった。

「チャキチャキの江戸っ子で、義理堅いええ人ですわ。撮影所でもろた言うてメロンやら食パンなどよく持ってきてくれはりますし」

出会いと可能性

芸能人が来たからどうのと言いたいわけではない。でも私はこの話を聞いて、日本中の風呂屋のふだんの地道な仕事を思った。旭湯は創業以来100年間、一貫して薪とオガクズで湯を沸かし、大通りに背を向けながら家族で毎日風呂を磨いてきた。そんな日々の一コマにふらりと現れた寺島進さんは、旭湯にとってのサンタさん的な存在だ。そんな人がいることが私は嬉しくて、なにかじんわりと涙が出そうになる。そして日本中の風呂屋にこんな巡り会いがあればいいな、と思った。

まだある。20年ほど前、旭湯常連の地元ミュージシャンが「ここでライブやらして」と勝明さんに言い、「ええよ」とやってみた。するとそれ以来、ウチらもやらせてと来るようになり、今では年に数回、旭湯がライブ会場になる。

また旭湯は世界で唯一、銭湯の浴室をコースにしたミニ四駆のレースが行なわれることでも知られる。勝明さんがかかわる西院春日神社の神輿仲間の縁で、すでに第8回を数えている。

小さいながらも旭湯は〝開かれた銭湯〟の無限の可能性を感じさせる。

燃料の廃材やオガクズは10ヵ所くらいから調達している

かいわいぶらぶらマップ
旭湯
西大路通
陰陽
NEGA・POSI
LIVE & SAKE
陰陽（ネガポジ）
ライブハウス。本書著者（松本）の高校時代の同級生がオーナー！
市乃家
昔ながらの「おうどんやさん」。うどん380円〜。丼や定食も充実、夜定食もある人気店
京福嵐山本線
路地裏 stand 五光
昼から呑める立ち飲み店。ゆば刺があるのが京都的
あおぎ屋
酒、料理ともにハイクオリティながら高くない人気居酒屋。自家製豆腐や昆布焼酎うまし
西院春日神社
裏通りの静かな神社。蛙像に水をかけて祈願。旭湯主人も祭礼を担う
大衆酒場
淳和院跡石碑
西院《さい い》
四条通
西院《さいいん》（地下駅）
折鶴会館
内側に立ち飲み、外側に座れる居酒屋が集中し、安く飲める天国的な場所
阪急京都線
お酒の美術館
各地に増殖中の洋酒スタンドの阪急西院駅前店。なんとファミマ内にありファミマのアテ持ち込み可

❶豊富な水量の地下水が滝となって落ちてくる水風呂。サウナとの反復がエンドレスに

❷左から林勝明さんと、母・千枝野さん、妻・まりさん。背後のピンク色の富士山は京都の大学生が描いたもの

旭湯（西院）
京都市右京区西院東今田町 9-1
☎ 075-311-4833　P無
14:12 〜 0:30
休：金曜日
㊧㋚㊌㊪㊫㋛

❷

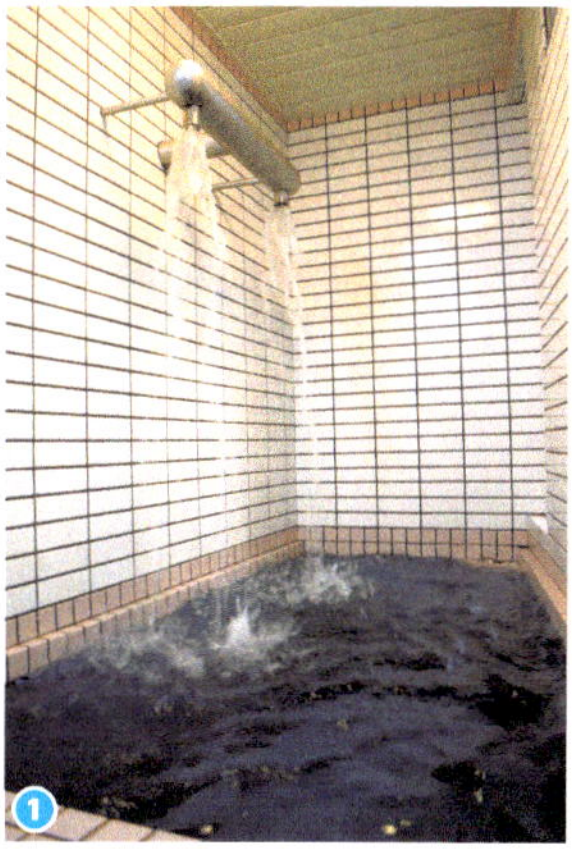
❶

桂

桂湯

KATSURAYU

銭湯全体が作品 桂の銭湯離宮

唯一無二のユニーク銭湯

桂といえば桂離宮である。入ったことないけれど。

離宮とは離れているから離宮であって、つまり桂は京の都とは桂川を隔てて少し離れた場所にある。そのあたりは「西京区」に区分されていて、一般の銭湯はただ1軒が残るのみ、その名も桂湯である。

旧山陰街道の脇で1929（昭和4）年から営業を続ける桂湯が、京都の中でもぶっ飛んだユニーク銭湯として知られるようになったのはもう15年以上前のこと。私も初めて来たときには脱衣場に棒立ちになり、目を見張るばかりだった。格天井を埋め尽くす個性的な絵、壁を埋め尽くす不思議な時計、その他あれもこれも……文字では紹介しきれないが、一つ一つが全部おもしろく、しかも洗練されていて素人趣味の域を超えたものだ。それらは元デザ

❶天井絵の７割は客が描いた　❷下駄箱の鍵を使った時計。数十個もある時計はどれもシャレが効いている　❸脱衣場の鏡

イナーの前店主・村谷純一さんが作り出した独創的な空間であり、この風呂全体が純一さんの作品とも言えた。

その純一さんが亡くなったのが２０２０年。残されたおかみの聡子さんは休業もせず、自営業の息子・宗樹《むねき》さん夫婦の手伝いを得ながら湯を沸かし続けている。

客を楽しませ続けた人

クリスマスに行くと、クリスマス暖簾がかかっている。暖簾自体は聡子さんが作ったが、そこにくっついている飾りは純一さんが作ったものだ。

純一さんは自分でいろいろ作るだけでなく、入浴客を巻き込んで銭湯を活性化させるアイデアも豊富で、それを実行に移す人だった。天井絵は段ボールに描いて貼り付けたもので、１００枚くらいある。うち7割くらいは、客らに「ゆ、という文字を独自にデザインして描いてみないか」と呼びかけて集まったものだという。形になるもの以外にも、独自の銭湯検定を実施するなど、入浴客らを常に楽しく刺激し続けた。

　それらの作品群は今も桂湯をユニーク銭湯として輝かせ続けている。だが、この偉大な先人の風呂を引き継ぐ人はなかなか大変だろう。

「父が亡くなると同時に、湯が漏れたり温水器が壊れたり、風呂の不調でたいへんでした」

　宗樹さんはそう語る。純一さんと桂湯の特別な関係を思わせる話だ。

銭湯界のピカソとして

　とはいえ、宗樹さんの本業は排水処理・清掃業であり、「風呂掃除はなんともない」とのことだから心強い。

「横の通りは昔は商店街でしたが、さびれて寂しい状態です。銭湯もこの先、入浴料金だけでは無理がある。もひとつ何かしなければと考えています」

　ちなみに宗樹さんの本業の屋号「PABLO」は純一さんがデザイナー時代に使っていた屋号を受け継いだもので、言うまでもなくピカソから取られている。近いうちに今度は宗樹さんが、銭湯ファンをあっと驚かせる楽しい趣向を考え出してくれるような気がしないでもない。

❶正月や記念日に使われる創業時の絹製暖簾　❷男女の境にある飾り、なんだかわからないけどおもしろい

かいわい
ぶらぶらマップ
居酒屋 芋庵
カウンター居酒屋。料理・酒ともにメニュー多彩で美味。主人は桂湯の常連
あいおい
定食・麺類・丼物の安定した大衆食堂。一品もので一杯も
桂湯
桂駅
阪急京都線
山陰街道
炭火焼 おもに
七輪の炭火で焼く上質な肉。高齢夫婦が営む、煙モクモクの名店。ごまの葉おにぎりも忘れずに
バンボシュール桂店
シンデレラプリンが名物の品揃え豊かな洋菓子店
ハヤシコーヒーショップ
懐かしい雰囲気でホッと一息つける喫茶店

桂湯
京都市西京区桂木ノ下町 21-2
☎ 075-381-4344　P有
15:00 ～ 23:00
休：月・火
㊭㋚㊌㊋㊮㋛

❸表の看板を照らすのはカランからの水滴？　❹飲み水のコップ

コラム

旅先銭湯の何が楽しいの？

銭湯は家の近くにあって日々の風呂として通うもの。それが一般的な使われ方であり、一般公衆浴場の「近隣住民の生活衛生」施設としての法的な存在意義だ。事実、客の大部分は近所の常連さんである。

近所に銭湯が複数あれば、数軒をローテーションするのもこれまた普通の楽しみ方。私も学生時代はそうしていたし、今も旅に出るとき以外はそう。その中から「やっぱりここ」という自分の「ホーム銭湯」ができてくる。

人の好みはさまざまだが、同じ地域の中で複数の銭湯をまわっていると、どうしてもスペックやサービスを比べることになり、より最大公約数的に好まれる銭湯が「人気の銭湯」となり、「お客さんの数」もそこでおよそ決まってくる。

ところが旅先では、そうとは限らない。

旅は非日常体験であり、その地の風土を感じることが目的でもある。であるがゆえに銭湯でも「よそであまり見たことがない」「その土地ならではの」事物に出会うこと、雰囲気を感じることが旅のおもしろさにつながる。

たとえば東京で富士山のペンキ絵を見上げる。京都で柳行李に服を入れる。大阪で石造りの「かまち」に腰掛ける。広島で内側3段式の湯船に浸かる。指宿で浴室の床に寝転ぶ。そういった、その土地ならではの体験ができる銭湯は旅の記憶として印象的に残る。それらは効率化や標準化、最大公約数的なマーケティング、ひいてはグローバルスタンダードの対極にある存在ともいえる。

それらすべてを浴室内に響き渡る方言が大きく包み、さらに風呂上がりに立ち寄った店で食べた地元料理や地酒も加わって、旅先での「銭湯から始まる濃い一夜」の体験がもたらされることになる。

それは、旅を終えてからも再びその地への旅心を強く呼び起こすものとなる。

「あそこはもう行ったから次は別のところへ」というのは旅の行き先を決めるときの大きな要素だが、旅先銭湯の体験はそれとは少し異なる感情——「あの風呂屋まだやってるかな？」「あの番台のばあちゃん元気かな？」「また行ってみようかな」といった思いを、熾火《おき》のようにいつまでも赤々じりじりと胸に留めさせ続ける。

いわば「ちいさなふるさと」発見の喜びを伴う「リピ旅」——これが旅先銭湯の魅力の核であるといえるだろう。

したがって地方の街の活性化を企画する方々には、巨費を投じて大型施設を都会標準の設備・サービスで建設するだけでなく、どんどん消えていく地方色豊かな地元銭湯を存続させていくことも併せて考えてもらえたら、と思う。それは地元民の憩いの場となるだけでなく、全国にその街のコアなファンを獲得できて、しかも比較的安上がりなのではないかと思えるのだが、どうだろうか。

コラム

五、京都駅の南から伏見のほう

東寺道《とうじみち》の大湯屋で人生のひとときを過ごす

日の出湯

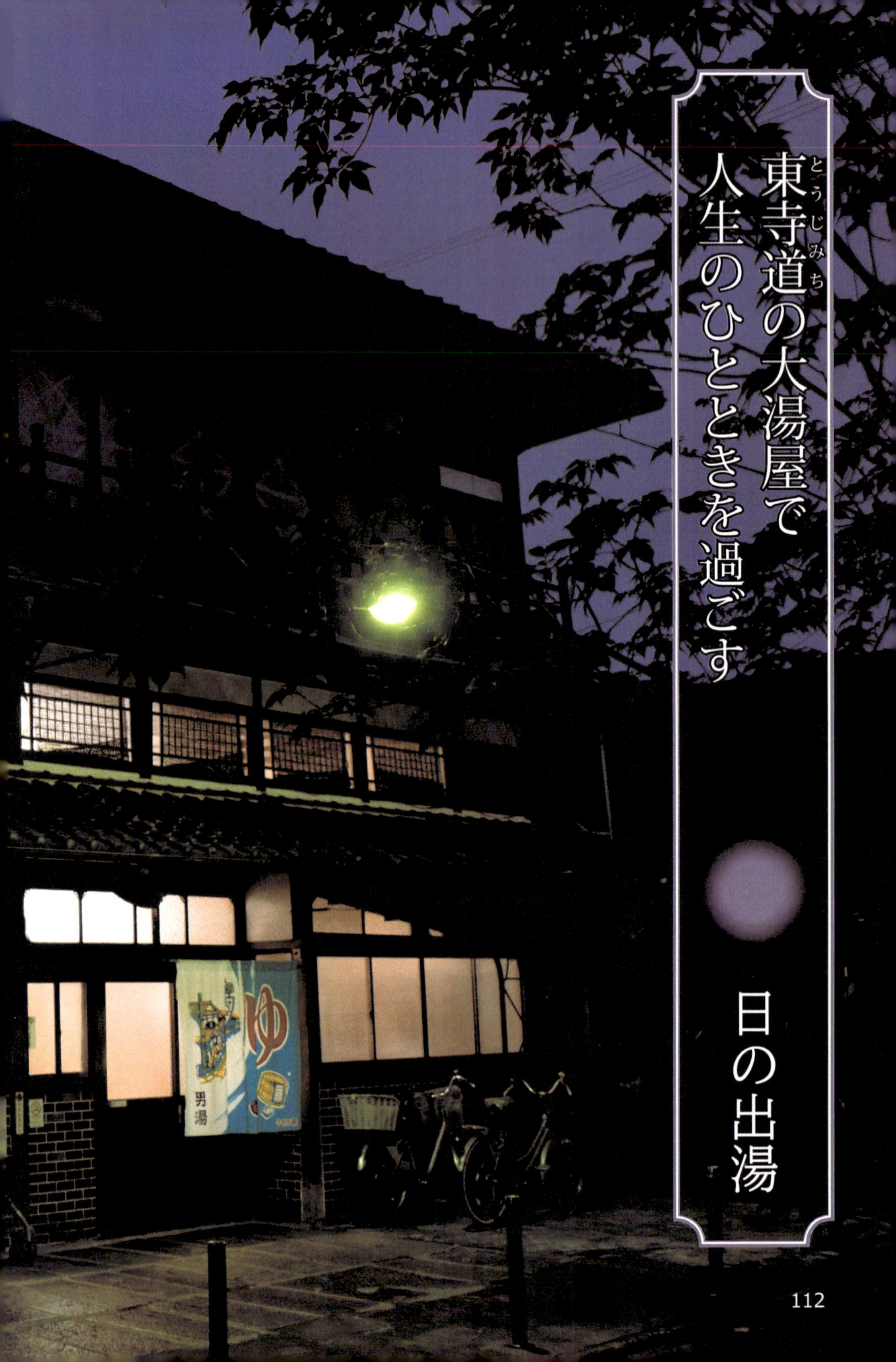

ゆ
女

京都駅から歩いて行ける〝異界〟

京都駅を南側に出てイオンモールの脇をすり抜けると、八条通と九条通の間の通り、「東寺道《とうじみち》」に出る。東寺道はその名の通り、まっすぐ西へ行けば世界遺産の東寺に突き当たる道だ。

五重塔が有名な東寺は、平安京造営とともに官寺として建立され、空海に託されて日本で最初の密教寺院となった。そして平安京が滅び、武士が席巻し、明治維新があり、世界大戦があり、米軍に占領され、経済大国となり、何度も世の価値観がひっくり返ったあげく国が衰退しつつある今もなお残る、唯一の平安京の遺構である。そして創建当時と変わらず現役の密教寺院として、多くの信徒と観光客をひきつけ続けている。まるで現世と切り離された異界だ。宗教というものの驚異的なパワーを感じずにはいられない。

東寺道が東寺に突き当たるところには、東寺の六つの門のうち最も出入りする人の多い慶賀門（東門）がある。門をくぐった瞬間、広々とした境内に国宝・重文の大伽藍が泰然と居並ぶのが見える。

その門より少し手前、地蔵のほこらがある狭い路地の入り口に「日の出湯」と書かれた小さな看板が出ている。

その路地はちょっとしたタイムトンネルだ。日の出湯まで

東寺の慶賀門をくぐると、すぐ左手に宝蔵の堀があって蓮が群生しており、その向こうに五重塔が見える

わずかな距離だが、左側に塀があり、最後のところで道が少しずれているため、目的の銭湯はじれったいほどなかなか見えてこない。日が落ちると、なんとなく暗くて細いトンネルを進んでいるようにも感じられる。

圧倒的な空間

路地を抜けるや、突如として目の前に京都最大の町家銭湯、日の出湯が立ち現れる。大きいので近づくと全体が見えなくなるため、はじめて来た人は誰もが、建物の前に広がる石畳の小空間を隔ててしばらくその姿を見上げるだろう。

権威や儀礼で掃き清められた東寺の境内空間とはまったく異質な迫力と美が、この路地奥の建物にオブラートのようにまとわりついている。それはいわば巷《ちまた》の、市井の人々がこしらえて使い倒して洗って流して磨きこんできたモノにまとわりつく、一抹の怪しさを灯す気配のように感じられる。大きいのに嫋嫋《じょうじょう》として、どこか儚い。

1928（昭和3）年に建てられた当時は「大潮《おおしお》湯」という屋号だったが、現店主・村木修さんの父親が1949（昭和24）年に買い取り、日の出湯と改めた。2階はかつて貸家で3家族が入居していたそうだが、その前は東寺の参拝客を泊めていたという。

暖簾をくぐると目の前にいきなり脱衣場があり、裸の人々

日の出湯の脱衣場

がいる。心の準備やインターバルはなし。タタキに履き物を脱ぎ捨てて一段、その舞台に上がるのみ。

日の出湯の最大の魅力は何と言っても、この思わず深呼吸したくなるほど広々とした脱衣場の風情だろう。テレビも雑誌も置かれていない代わりに、初夏にはホタル、真夏には風鈴、秋には竹灯籠など、季節ごとに自然を題材とした演出が施され、壁に貼られた「昭和新聞」（昭和の各年ごとの出来事をまとめた年表）が毎月更新される。それらはとても控えめで、雰囲気を壊さずにさりげなく風情と郷愁を感じさせる村木さん流のおもてなしセンスが心憎い。この得がたい空間で、2010年には映画「マザーウォーター」のロケが行われた。

脱いだ服を籠に入れ、素っ裸になって浴室へ足を踏み入れると、古めかしい建物のイメージとは一転して、1982年に改装された明るく快適な空間だ。

あえてゆっくりとした動作で体を洗い、ひげをそる。サウナはないが、熱い湯と水風呂の交互浴を何度か繰り返すうち、いつしかここの世界の住人になったような気分になる。

旅行者にとっての日の出湯

京都駅に近く、また京都ならではの銭湯ということもあって、日の出湯の客には旅行者が多く混じる。近所の常連客と

（左）浴室入口にある水飲み場　（右）暖簾をくぐって戸を開け、タタキで靴を脱ぐ

どちらが多いか、おかみさんに聞くと、「かろうじて常連客が多いくらい」だそうだ。

　旅行者の中には大きな荷物を抱え、京都の銭湯に初めて入る様子の客も少なくない。勝手がわからずキョロキョロする若者がいると、おかみさんがサッと歩み寄って、

「荷物が多ければロッカーを二つ使ってくださいね。脱いだ服はこの籠に入れて、籠ごとロッカーへ入れてください」

　と丁寧に、てきぱきと教えてくれる。その気配りとさりげなさはまさに〝プロフェッショナル〟だ。

　旅行者にしてみれば、どうなのだろう。番台式に抵抗のある若者のハードルを下げるため近年はフロント式の銭湯が増え、日の出湯のようにいきなり脱衣場がある昔ながらの銭湯は減る一方だ（日の出湯の場合は番台は撤去され、おかみさんは通常は女湯側の脱衣場にいて、カーテン1枚を隔てながら男湯の様子に気を配っている）。

　フロント式にするほうが確実に客が増える、とも言われる。きっとそうなのだろう。でも、そういう銭湯が増えるほど、日の出湯での体験はレアで劇的なものともなるだろう。ハードルを越えてたどり着いた場所で得たもの、そのインパクトもまた旅の捨てがたい魅力である。現に私の知り合いで、この近くのゲストハウスに泊まって日の出湯に来た時の衝撃が忘れられず、それをきっかけの一つとして、故郷の銭湯の近

浴室はいたってシンプル。この手前に電気風呂がある。湯加減のよさと水風呂で十分に満足できる

くでゲストハウスを開いた人もいる。
この、いわば〝いにしえの空間〟に放り込まれる銭湯の存在もまた、京都の重要な財産であるようにも思える。

湯上がりの脱衣場

湯上がり、再び脱衣場へ。高い格天井の下、だだっぴろい空間に何もない。奥の隅に小さなテーブルと、反対側の隅に黒い長椅子が置かれているだけだ。パンツとシャツだけを着けてそこに座り、おかみさんから牛乳を買って飲みながら、日の出湯にやってきた人々の姿をぼんやりと眺める。
脱衣場には有線で童謡・唱歌が流れている。

青い目をしたおにんぎょは
アメリカ生まれのセルロイド……

なんだか帰るのが惜しいな——と思ったが、お腹が空いたので、おかみさんに「また来ます」と言って靴を履いた。
近くの店で飲み食いして、ほどよく酔って外へ出ると、切って飛ばした爪のように細い月が青い夜空に浮かんでいる。ふと昼間歩いた狭い路地をもう一度歩きたくなった。

（朝日新聞デジタル「ニッポン銭湯風土記」2021.7.23に大幅加筆）

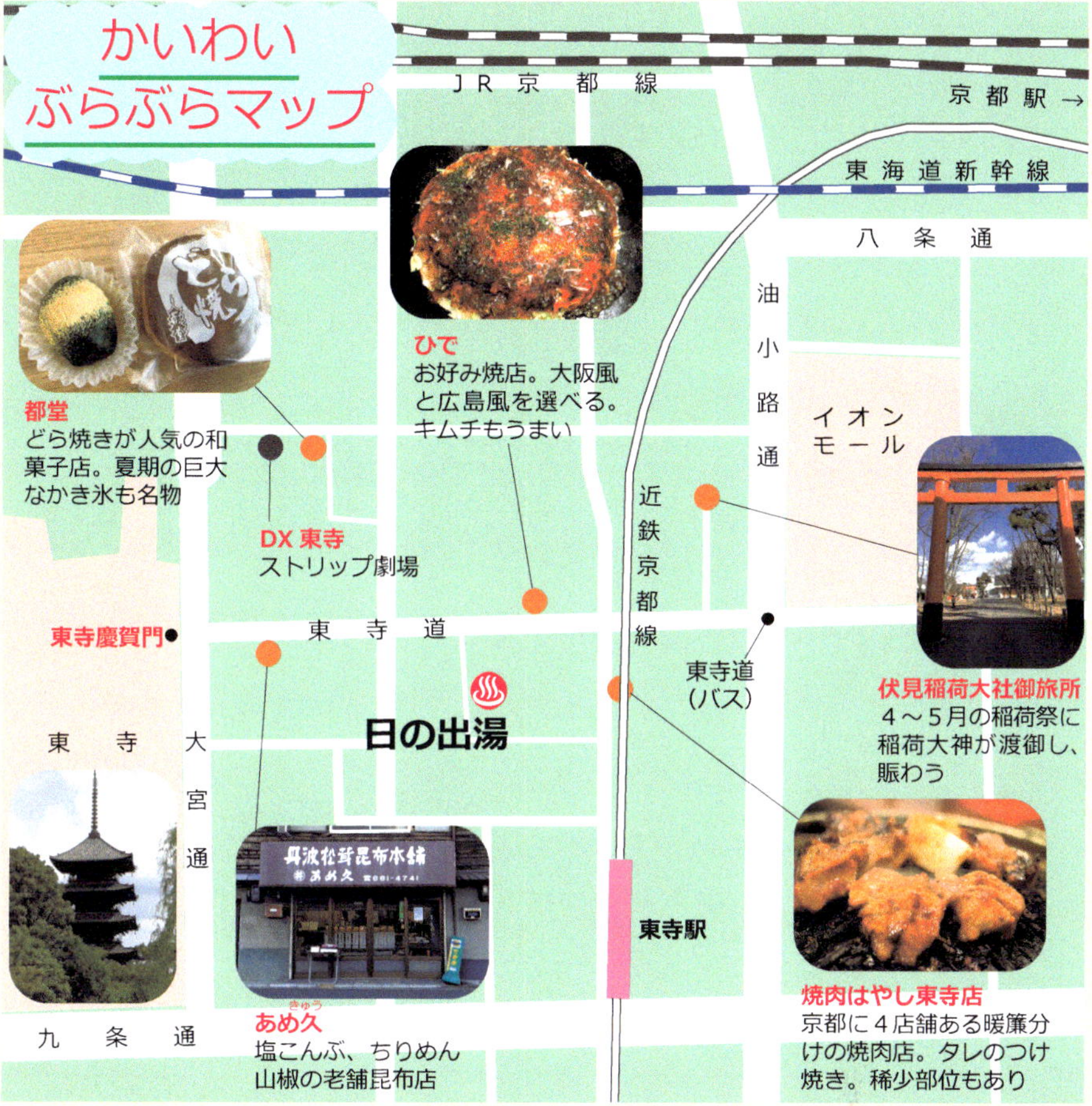
かいわい
ぶらぶらマップ
JR京都線
京都駅→
東海道新幹線
八条通
油小路通
イオンモール
近鉄京都線
東寺道
東寺大宮通
九条通
東寺駅
日の出湯
都堂
どら焼きが人気の和菓子店。夏期の巨大なかき氷も名物
ひで
お好み焼店。大阪風と広島風を選べる。キムチもうまい
DX 東寺
ストリップ劇場
東寺慶賀門
東寺道(バス)
伏見稲荷大社御旅所
4～5月の稲荷祭に稲荷大神が渡御し、賑わう
あめ久《きゅう》
塩こんぶ、ちりめん山椒の老舗昆布店
焼肉はやし東寺店
京都に4店舗ある暖簾分けの焼肉店。タレのつけ焼き。稀少部位もあり

女湯

日の出湯
京都市南区西九条唐橋町 26-6
☎ 075-691-1464　P 有
16:00 ～ 23:00
休：木曜日
㊮㊲㊌ジ

東九条

明田湯

AKETAYU

京都の下町で
ボヤーンとくつろぐ

九条、旧烏丸

地下鉄烏丸線の九条駅で降り、地上に出た。

かつて九条通は平安京の玄関口だったが、芥川龍之介の『羅生門』に描かれたように平安中期になるとこのあたりは荒れ果て、都の中心部は平安京の北東部へと移っていった。明治になると八条通の北側に京都駅ができて、それより南は「駅裏」ポジションとなった。が、近年のインバウンド需要で、市の中心部と地下鉄で直結する九条駅周辺に宿泊施設が急増しているらしい。

4番出口を出ると、烏丸通の西側に一方通行の細い道が並行している。「旧烏丸通」と表示がある。１９８８年の地下鉄延伸とともに拡幅される前の、細かった頃の烏丸通がここだけ残っているのだろうか。

その旧烏丸通を南へ3〜4分歩くと現れるのが明田湯だ。玄関スペースは後から増築されたようだが、よく見ると上部に唐破風が見え、伝統的な銭湯であることがわかる。

青い天井を見上げて

番台スタイルの脱衣場は郷愁を感じる一昔前の中普請で、常連客らでなかなかの賑わいだ。冬場で服の着脱に時間がかかるせいか、みんなわざとスローモーに動いているようにも見える。

浴室の壁は迷いなく隅々まで白タイルである。薬湯のジェットが勢いよく、隣の電気風呂とともにホグシのタッグ。主浴槽もゆったりとして、隅のタイルまでキチッと磨かれている。シンプルであるがゆえに頭の中に考えごとも浮かばず、湯に浸かって見上げるカマボコ型の天井が朗々と青く、湯気と一緒にひゅーっと吸い込まれそう。

飾り気らしきものは特に見つからないが、どことなく漂うローカルな風情……そうか、もしやこれが京都ローカルの基本スタイルということかも。目立つ装飾や特別な設備のある銭湯は記憶に残りやすいしメディアにも取り上げられやすい。私もそういう部分に着目することが多かったが、それは「普

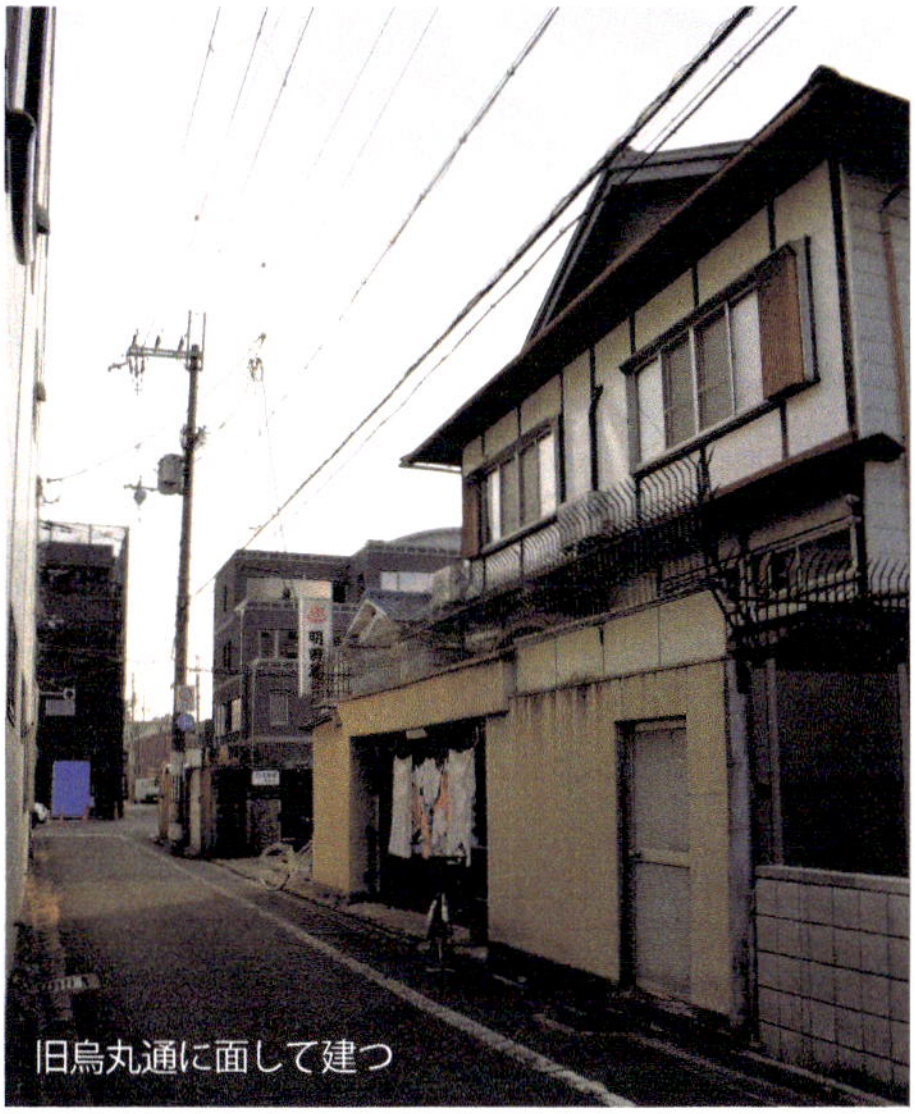

旧烏丸通に面して建つ

通ではない」からこそで、本当はこういう「特に何も」というのがその地方のど真ん中なのかもしれない。

あとで聞くと、石川県から出てきた初代が、ここにもともとあった銭湯を購入したのが70数年前で、唐破風のついた建物自体は当時のもの。現在は3代目店主の谷上清次さんと、その妹夫婦の3人で切り盛りされている。

洞窟的サウナと水風呂ツイン

とはいえ、どの銭湯にもやはり特徴的な部分はあるもの。明田湯のサウナは浴室の隅からコの字形に折れ曲がったように隠れた部分にあり、しかも入口が小さくて、カマクラのようにかがんで戸を開けて入らねばならない。でも入ると中は4〜5人が入れる広さがあり、テレビが付いている。ちょうどトランプ大統領の就任式のニュースをやっていた（62頁コラム）。

サウナから出ると、目の前に一人用の小さな水風呂がある。足を曲げて入る屈葬的なサイズだが、こっぽりとくりぬいたように深く、冷たい地下水に包まれる。サウナともども、なんだかちょっと〝秘密〟な感じが悪くない。

じつはこの浴室には入口を挟んで反対側にも同様に小さな水風呂がある。このミニ水風呂の左右ツイン配置が明田湯のスペシャルポイントともいえるだろう。

上がっても脱衣場はそこそこ混んでいる。なのに相変わらず、みなゆっくり。これがこのあたりの夕刻の、風呂屋での過ごし方なのかも。

青くのびやかな天井の曲線が目に心地よい

かいわい
ぶらぶらマップ
九条駅
九条通
旧烏丸通
烏丸通（写真左）と3mほど隔てて旧烏丸通がある
あじあん。
ランチだけでなく夜も15種類以上の定食とボリューミーな居酒屋メニュー
旧烏丸通
烏丸通
大栄ラーメン
お昼時は行列のできる人気店。ネギ・チャーシューたっぷりの京都とんこつ醤油ラーメン
やじきた
やさしいおかみの惣菜が並ぶ家庭的でリーズナブルな居酒屋
竹田街道（国道24号）
明田湯
札ノ辻通
地下鉄烏丸線
いしきり
活アジほか各種料理を落ち着いて食べられる居酒屋。豚角煮うまし
おんまの店
辛すぎず味わい深い、珍しいキムチや韓国食材が買える店

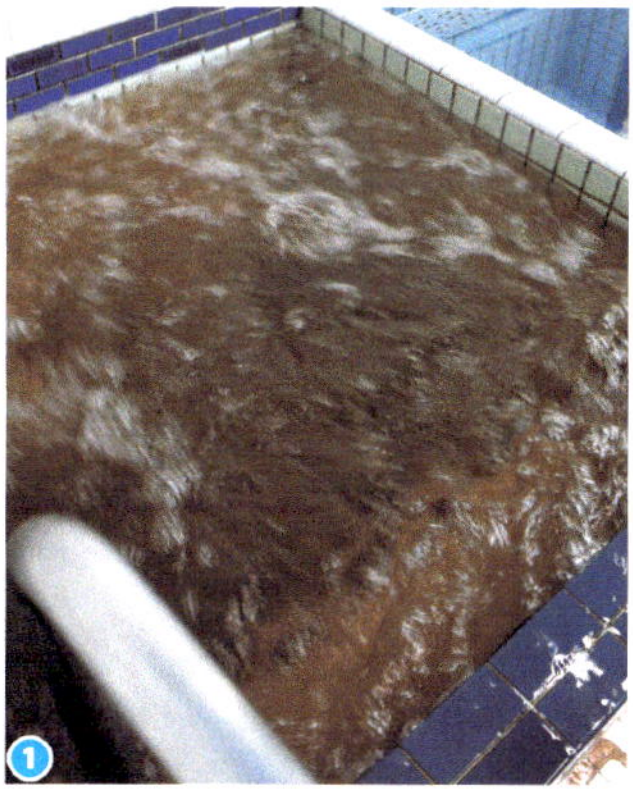

明田湯
京都市南区東九条明田町 10
☎ 075-691-6298　P有
15:00 ～ 0:00
休：金曜日
㊕㋚㊌㊤㊐㋛

❶薬湯の豪快気泡　❷脱衣場の流し台　❸こっそり隠れる唐破風

深草

宝湯

TAKARAYU

西洋御殿の静かな時間

ギリシャ・ローマ

伏見稲荷大社と伏見中心街との間に深草という地域がある。稲荷や中心街を貫くわけにいかなかった名神高速道路がここを東西に貫いて走っている。

その近くの路地をひょいっと覗くと、一番奥の突き当たりに、周囲から浮き立つように目をひくギリシャ・ローマ風の白い建物が立ち塞がっている。夕方になると、その赤く染まった姿は場違いのようでもあり、逆に京都にこんな文明があったのかと錯覚してしまいそうでもある。

それが宝湯だ。

私はかれこれ15年ほど前から、ここへ年に一度は風呂に入りに来ているが、今年は少し寂しい訪湯となった。「おいでやっすぅ〜」といつも迎えてくれた看板娘の初音さんが、昨夏、94歳で亡くなったからだ。

❶玄関部分は 1981 年に増設された　❷箱を置いたようなカラン

初音さん

　脱衣場の、高い天井を支える円柱と真っ白な壁で組み立てられたひんやりとした空間は、１９３１（昭和６）年の建築当時の姿をそのまま冷凍保存したかのような貴重なもので、２００６年に京都市がまとめた『京都市の近代化遺産』にも掲載された。ここは他の銭湯とは異なって、すべての波動が停止したような静寂が常に支配している。そこにいつも初音さんがいた。

　初音さんは小さな女性だった。年をとって動きが不自由になっても、思考は驚くほど清明で、言葉もしっかりして、強い責任感を持っていた。初音さんがそこにいることで、わずかな振動や会話もすべての動きが骨伝導のように身に染み入ってきた。

　もちろん風呂に入りに来ているのだが、それ以上に、この建物空間と初音さんとが作り出す、ここに閉じ込められた空気の微細な動きを味わいに来ていたのかもしれない。そしてそれは、風呂に入る前と後でまた異なる味わいをもたらした。

有馬温泉

去年の夏、初音さんは何か食べたものが悪かったのか体調を崩し、「病院へは行かない」と言い張ったが家族の説得で翌日病院へ行き、その翌日にそのままスーッと永眠されたという。

その後は、初音さんの二人の娘さんがそれぞれの夫とともに維持運営されている。

昨年2月の地震をきっかけに水に鉄錆が混じるようになったが、保健所の検査で体に害がないことが確かめられた。保健所の人は「有馬温泉やと思ったらよろしねん」と言ったという。絞ったタオルが少し赤く染まった。

長い歴史の時々に起きるあれこれを包み、今日も大らかに湯が沸かされる。

❶円柱との接続部分の少し怪しい造作が当時の苦労を偲ばせる
❷天井扇　❸井戸水の水風呂

かいわい
ぶらぶらマップ
藤森駅《ふじのもり》
名神高速道路
力餅食堂
安定したクオリティの麺類・丼物中心の大衆食堂。おはぎや赤飯も販売
たから
宝湯の家族で営むお好み焼き店。宝湯の左の坂を下る
フリップフロップ
落ち着いて過ごせるレトロな喫茶店。食べ物も充実
京都医療センター
宝湯
JR奈良線
軍人湯
屋号はかつて近くにあった陸軍第16師団から。誰でも入れる。サウナ別料金
京阪本線
串かつ 上田酒店
宝湯から南へすぐの串かつ居酒屋。酒の種類も豊富で安い
京都教育大学
徳利と杓文字
上田酒店の家族が営むアットホームな酒場。酒類は自分で冷蔵庫から出して注ぐスタイル
墨染駅
藤森神社《ふじのもり》
駈馬《かけうま》神事や武者行列などの行事で知られる神社
JR藤森駅

宝湯
京都市伏見区深草大亀谷西久宝寺町18
☎075-643-1306　P有
15:00～21:30
休：金・土
㊓㋚㋻㊫㋛

❹水流で回転する「人間洗濯機」　❺湯船の底のタイル鯉

伏見

鞍馬湯

KURAMAYU

レジェンドが守る美しき伏見の湯

浴室のモザイクタイル画は、先代が三条の画廊で見て気に入り、その絵を購入して左官屋さんに作ってもらった特注品

伏見の酒蔵群で

酒どころの地・伏見は、京都市街地から少し離れた宇治川の近くにあり、かつては都の水運を担う河港だった。

伏見桃山城の麓には京阪と近鉄が至近距離で並走し、駅周辺には商店街があって便利なのでよく行く。が、1970年まではそれより1キロほど西に京都市電が走っていたようだ。地図を見るとそのあたりには濠《ほり》川という疏水と宇治川を結ぶ水路があり、それに沿って酒蔵がたくさん立地している。ということは、昔はむしろこっちが伏見のメインだったのか？

その濠川近くに鞍馬湯がある。伏見で鞍馬とはこれいかに？

完全体銭湯

なぜ鞍馬なんですか、と鞍馬湯3代目の下口登士和《としかず》さんに聞いてみた。

「んー、おじいさんが鞍馬天狗が好きやったから、という話があります」

……そんなんかいな。でも改装時に壁を剥がしたら、弁慶と牛若丸のモザイクタイル画があったことがわかったそうだ。おじいさんの鞍馬天狗好きは本物だったに違いない。

それはともかく鞍馬湯、コンパクトな浴室ながら、中央主湯の温度や電気風呂の強さ、奥のマイクロバブル湯のものすごいインパクト、薬湯は漢方の香り、サウナではテレビが視聴でき、水風呂は広くて滝が落ち、カラン・シャワーの出具合快調、しかも軟水、これらすべての湯船・設備の調整具合、清潔度合においてオールOK、この秀逸なる浴槽群がこの小空間に無駄なくピッチリと収まってフル回転しているさまの美しさ。まるで広瀬香美の「ロマンスの神様」のサビの部分のような隙のなさに感銘あるのみ、しかも湯上がりはフロントで生ビールを飲める。もうホメ疲れしてきた。ともかく、「完全体銭湯」という称号があるならここに授与せねばと思う次第である。

整備のレジェンド

なにより驚かされるのは、この完全体を仕込みから仕上げまで下口さん一人でしておられることである。風呂掃除も、フロント番も、ビールサーバー

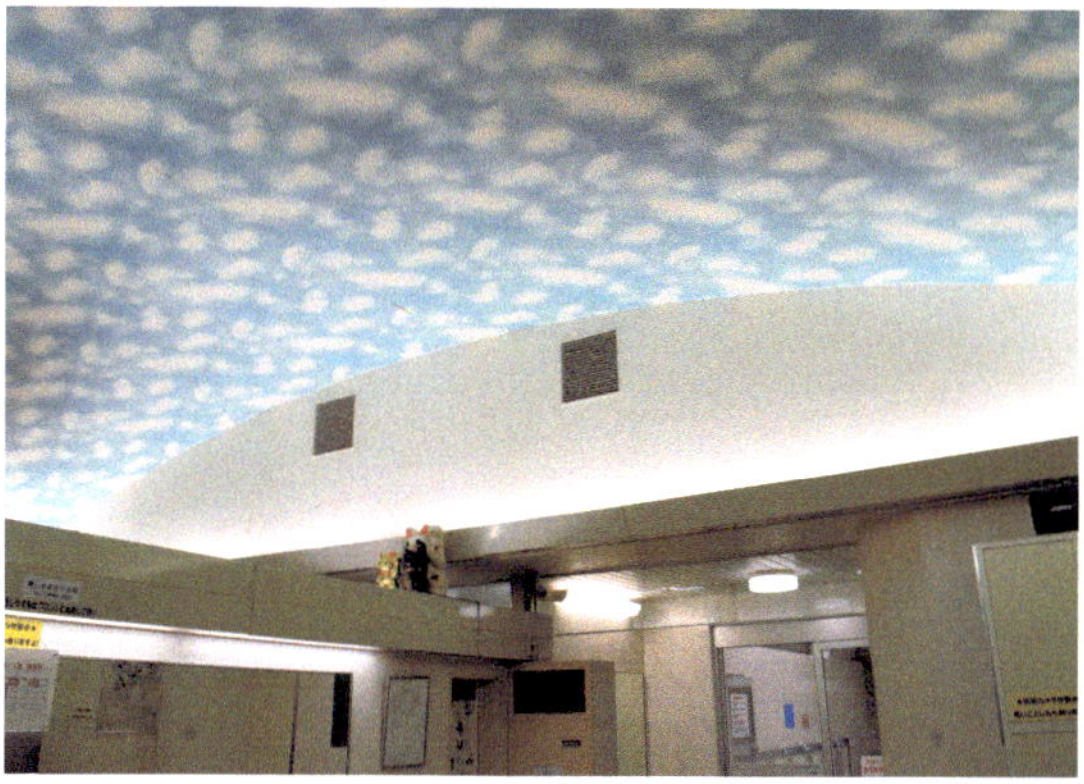

脱衣場の天井が目の覚めるような青空

の管掃除も一人でやる。常人には無理である。機械の様子を見たり、トイレに行ったり、飯を食ったり、トラブルに対応したり、それらはどうするのか。「お客さんの中に2人ほど、ちょっとフロントを見ててくれる人がおるんですわ。その間に用事します」

話を聞くうち、この下口さんがただものでないことがわかってきた。下口さんは以前、某大手ディーラーの自動車整備士として勤め、ごく限られた者だけが選ばれる「直納部」の整備士となって、なんと天皇陛下の御用車の整備や鈴鹿のレース車などの整備をする、いわば自動車整備界のレジェンド的職種に就いていた。高校の同級生だった某大物芸能人が挑戦した鈴鹿8耐にもスタッフ参加している。

そんな下口さんが鞍馬湯を引き継いだのは2000年。以来25年間、一人のレジェンドがストイックに完璧に整備し続ける風呂。それが鞍馬湯なのだ。

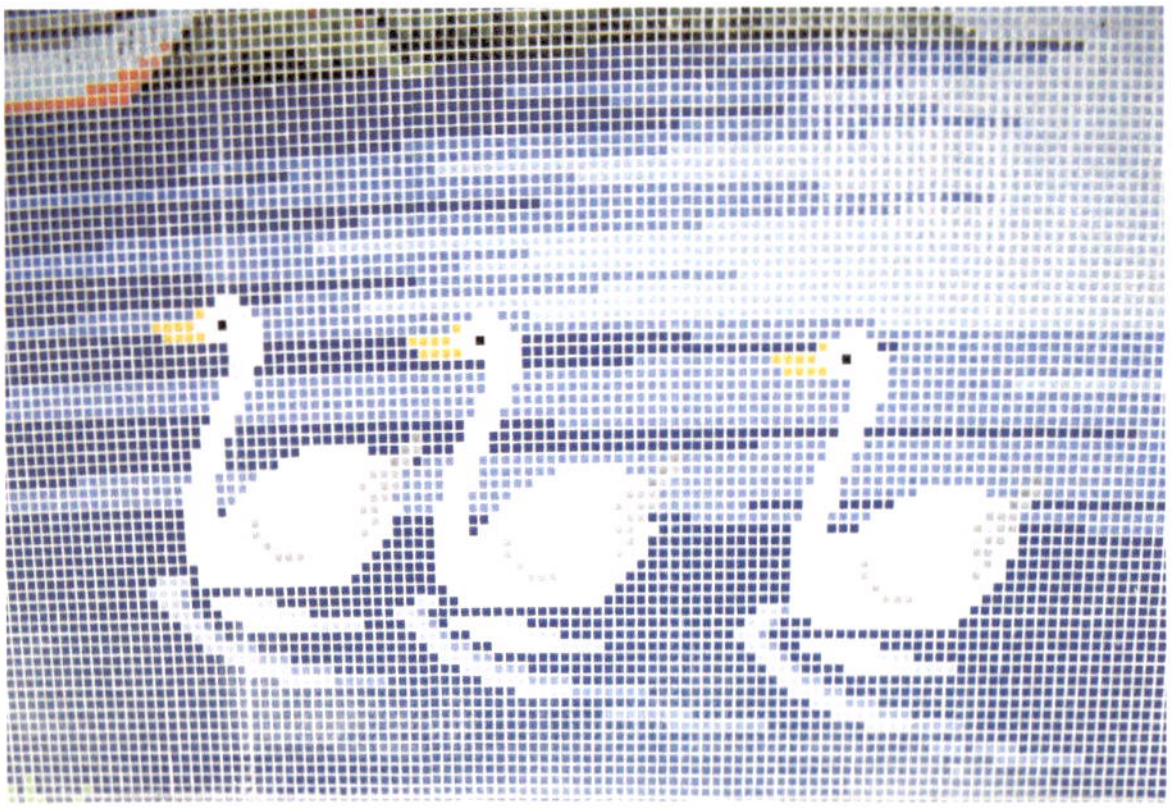

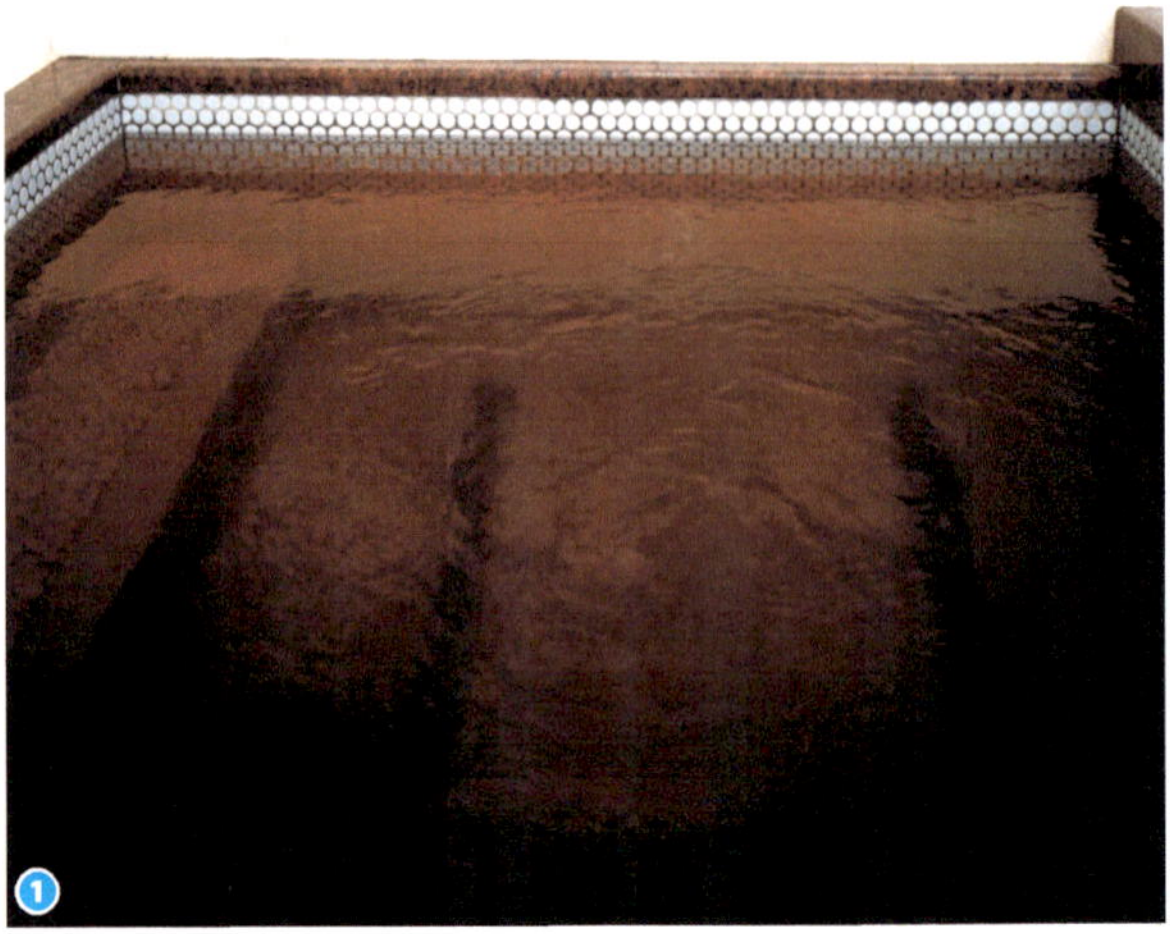

❶女湯の壁にはアヒルのモザイク画　❷さすが伏見の水！と言いたくなる水風呂　❸外観

かいわい
ぶらぶらマップ
大和堂
コの字カウンターの小さな立ち飲み、でも座れる。ベーコンエッグ 300 円
小山醸造
伏見唯一の醤油蔵。200年前からの蔵や醤油桶が迫力。小瓶の小売りあり
鳥房
かしわ店が営む焼鳥メインの小さな人気居酒屋。常連が多いがなじみやすい
丹波橋通
西丹波橋
（下りバス）
松山酒造
高級酒「十石」の蔵元
丹波橋駅
西板橋
（上りバス）
鞍馬湯
濠川
玉乃光
京阪本線
近鉄京都線
玉乃光酒造
伏見を代表する酒蔵の一つ
やまびこ伏見店
城陽が本店の手打ちうどん店。カレーうどんが人気で売り切れることも。酒粕うどんもうまい
日々醸造
2021 年創業の新しい蔵元

鞍馬湯
京都市伏見区大津町 730
☎ 075-611-1393　P 有
15:30 ～ 22:00
休：月・火
㋫軟㋚水薬㋛電

❹マイクロバブルのアワアワがすごい！　❺壁のモザイク椿

向島

観月湯

KANGETSU YU

観光客のいない京都

京都にはイヤになるほど観光客が多い。でも全部がそうとは限らない。

京阪宇治線を観月橋で降り、宇治川にかかる騒々しい国道橋を歩いて渡りながら、私はそのことを知った。私としてこの先にもし銭湯がなければ、この橋を歩いて渡ることはおそらく一生なかったように思われる。それくらいマイナーな場所である。そしてそれには理由がある。

江戸時代の途中まで、このあたりには巨椋《おぐら》池という大きな池があり、この宇治川の南側一帯（向島《むかいじま》）はその端の湿地帯や砂州だった。それが徐々に干拓されて水田地帯となり、やがて住宅地となった。

したがって、京都のウリである長い歴史がない。歴史のない京都はアンコ抜きの饅頭みたいなもんである。

とはいえ住宅地の道は細く曲がって

女湯の化粧台スペース。ホテルのように豪華な雰囲気

宇治川の南に賑やかな集いの湯

いて、年季の入ったそれなりの味がある。その中に、商店や飲食店がまとまった〝向島銀座〟ぽい一角があり、そこに観月湯の煙突が高々と聳えている。

ゴージャスな浴室！

脱衣場も浴室も広々とした大型の銭湯だ。夕方頃、なかなかに混み合っているが、客同士の交わす言葉や振る舞い方がなんともローカルで庶民的。いや銭湯とはもともとそういうものだが、ここではそれがなんだか濃厚だ。いわば〝昔の銭湯〟の雰囲気が漂っている感じがする。

それ以上に驚かされるのは浴室の凝った造りだ。中央付近にある噴泉池と、それをドーナツ状に囲むカラン列。男女の仕切り壁を飾る派手な市松模様のタイル、さらに浴槽群の奥にある別室……その戸を開けると広い露天風呂が現れ、山の露天風呂で憩う裸の女性らを象ったモザイクタイル画をバックに2本の打たせ湯が落ちている。湯は浅めでぬるく、プールのようにも感じられる。あとで来た子どもたちはまさにそこでプールのように大はしゃぎしており、子ども部屋として機能しているようでもあった。あとで番台の女性に「奥の部屋はプール？ 子どもらが大喜びですね」と言うと、「そうなんです、露天風呂がだんだんとそうなってきまして」とのことだった。

さらによく見ると、一番奥のサウナの屋根のさらに上、天井に近いところから滝のように湯が落ちる仕掛けまである。こんな奥にまで立体的な装飾を凝らした銭湯には今やめったにお目にかかれない。

植田工務店の一族

観月湯を作ったのは、大阪や京都でたくさんの銭湯を建てた植田工務店だ。観月湯はその社長の姉が初代経営者となって1966（昭和41）年に開業した。植田工務店の手による銭湯は凝った装飾やカラフルなタイルが多用されるのが特徴的で、今の浴室は1979年に改築されたもの。

現在は初代の息子・山田順二さんとマユミさん夫妻が二代目として引き継いでおり、順二さんの姉も創業時からのスタッフだ。マユミさんによると、開業当時は脱衣場の広さや豪華な照明が「ホテルのロビーみたい」と評判になったそうだ。

設備や内装は老朽化している部分もあるが、地域の人々が同湯の駐車場で定期的に「観月横丁」という夜店イベントを開くなど、観光とは無縁ながら銭湯好きには楽しみどころ満載だ。

露天風呂のモザイクタイル画、のびのびとした山の温泉風景が素晴らしい

かいわい
ぶらぶらマップ
京阪宇治線
観月橋
宇治川
国道24号線
味覚の店ます
高齢の大将が惣菜を並べる、古き良き昭和的な渋い居酒屋
お好み焼き奈美
ボリューミーなお好み焼の他一品もの多く居酒屋使いも可。特に野球好きはぜひ
向島湯あと
2023年7月末で廃業した向島湯の建物が残る
観月橋の夕日
近鉄の澱川鉄橋の向こうに落ちてゆく夕日を眺められる
観月湯
太洋軒
15:30までのラーメン店。とんこつ醤油ベース
バーデンバーデン
多種でリーズナブルなパン屋さん。ミルフィーユ絶品

❶サウナは要バスタオル式。バスタオルの色は毎年変わる。その色当てクイズが常連客らに毎年出題され、当選者にはプレゼントがある
❷外観もレトロで個性的

ゆ

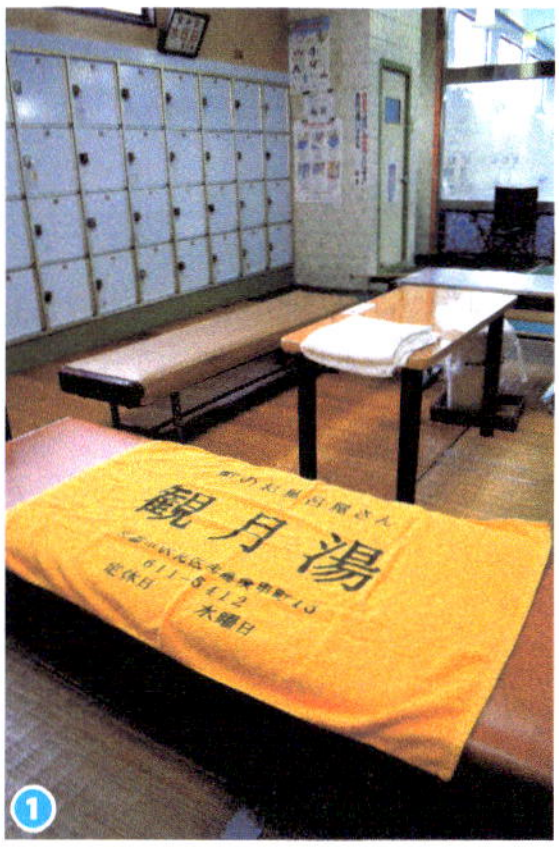
観月湯

観月湯
京都市伏見区向島庚申町 45
☎ 075-611-5412　P 有
平日 14:15 ～ 0:00
日曜 9:00 ～ 0:00
休：水曜日
㊫サ㊌㊜露㊕ジ

後記

本書は「旅先銭湯別冊」として2022年に発行した『大阪の風呂屋を歩く大阪市内編①』の京都版として編集しました。京都は私が学生時代を過ごした、第二の故郷ともいえる思い出深い街です。大阪編の続きがまだなのに、先に京都編に手を出してしまいました（大阪の方々、すみません！大阪②も忘れていませんよ、こちらもぜひお楽しみに！）。

大阪編と同様、今回取り上げた24軒は「私の京都銭湯ベスト24」ではありません。さまざまな条件やタイミングによる、あくまでも今回巡り合わせの24軒とお考えください。

本文では、それぞれの銭湯の味わいとともに、〝銭湯のある街で暮らしたい、銭湯のある街を旅したい〟という私の思いと日常を重ねてエッセイ的に綴りました。地図に盛り込んだ周辺情報も、取り上げたスポットの傾向はひどく偏っており、あくまで「私の風呂旅」の一部であります。取材・編集ではたくさんの方に助けていただきました。深く御礼申し上げます。

京都には紹介したい銭湯がまだまだ目白押しのため「第1集」としました。そしてすでに「第2集」にも取りかかっています。近いうちにそちらもお披露目できるはず！

最後に注意点。本書掲載の写真には浴室や入浴風景も出てきますが、すべて特別な許可のもとで撮影させていただいたものです。銭湯での盗撮事件も起きている昨今、銭湯内部を店の許可なく撮影することは決してしないでください。

ではでは、読者のみなさんと京都のどこかの風呂屋でバッタリ遭遇できる日を楽しみに！

（松本康治）

旅先銭湯別冊03　京都の風呂屋を歩く　第1集

2025年3月26日　初版1刷発行
著　者　松本康治
発行人　松本康治
発行所　さいろ社
〒655-0048　神戸市垂水区西舞子2-7-28-103
Tel ; 090-9283-1162
316sha@gmail.com
本文デザイン　松本康治
カバー・表紙デザイン　中村美登利

ISBN978-4-916052-80-3　C2026 ¥1600E